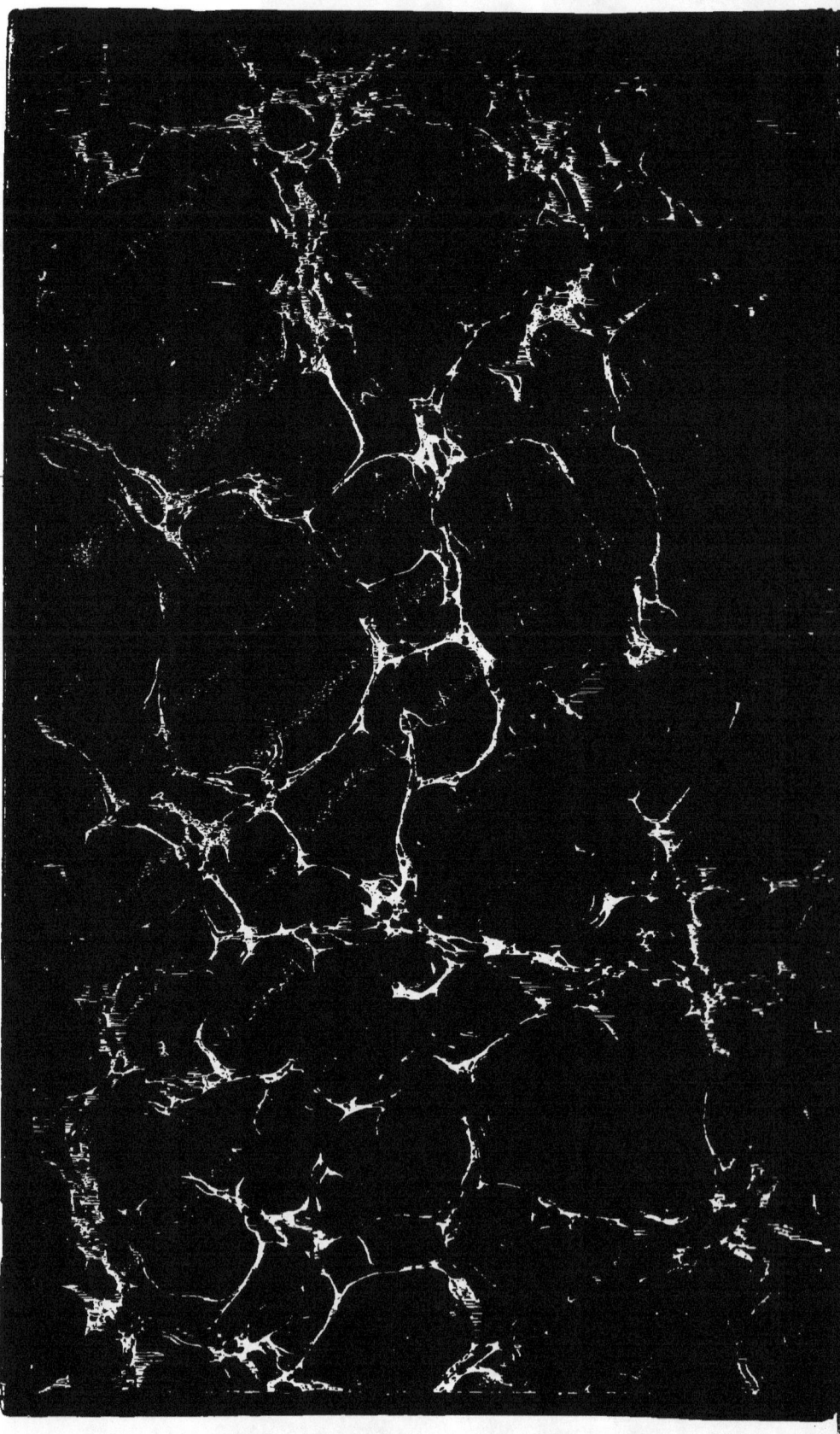

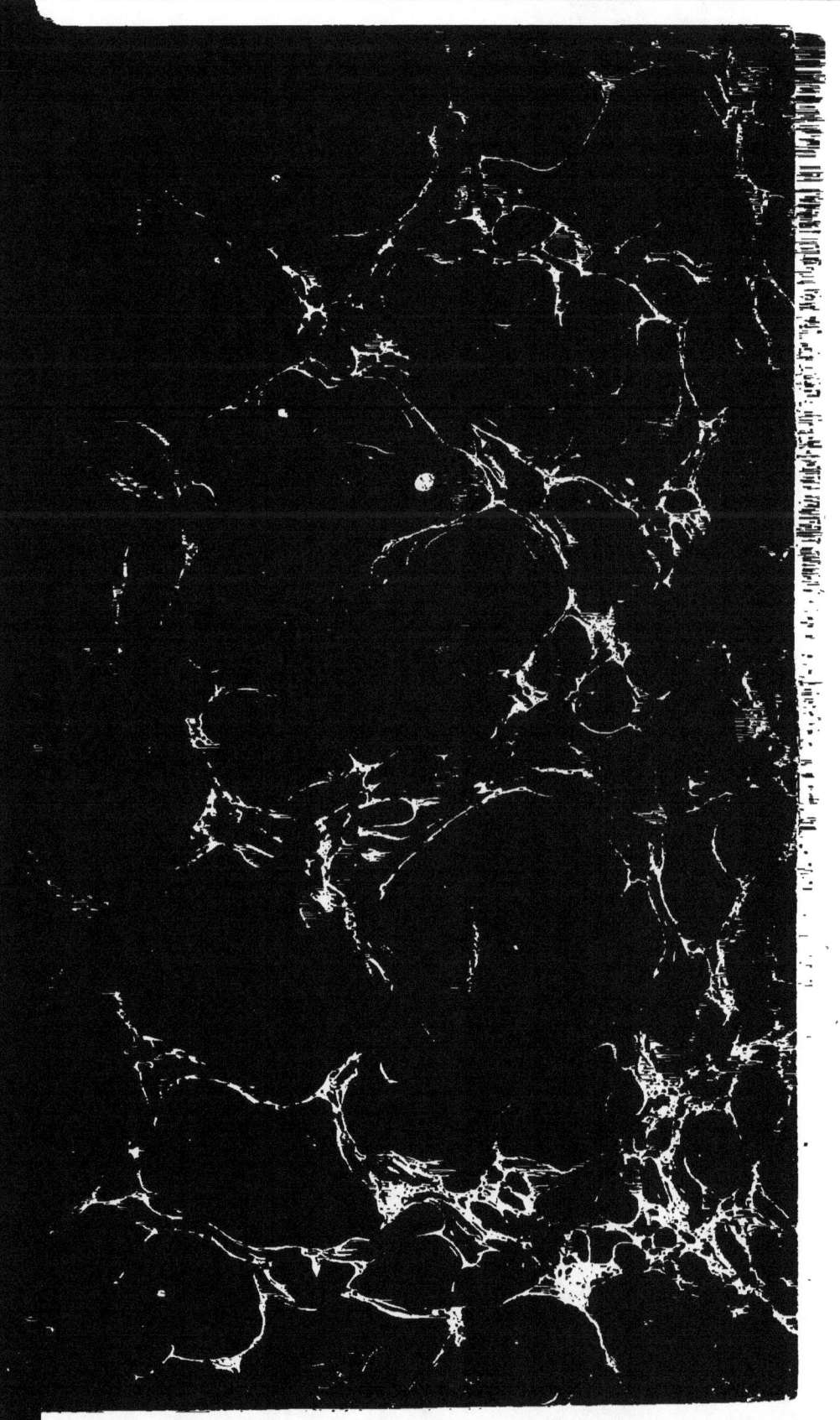

# CHANTS POPULAIRES

DE LA

GRÈCE MODERNE

ŒUVRES COMPLÈTES
DE M. LE COMTE DE MARCELLUS

ANCIEN MINISTRE PLÉNIPOTENTIAIRE

SOUVENIRS DE L'ORIENT. 2 volumes in-8°.
— Nouvelle édition. 1 beau volume grand in-18.

VINGT JOURS EN SICILE. 1 volume in-8°.

PORTE-FEUILLE DU COMTE FORBIN. 1 volume, Album.

ÉPISODES LITTÉRAIRES. 2 volumes in-8°.

CHANTS DU PEUPLE EN GRÈCE, avec le texte et les commentaires. 2 volumes in-8°.

LES DIONYSIAQUES DE NONNOS, texte grec et français. 1 volume in-4°.

BACCHUS ou les DIONYSIAQUES, texte français seul. 6 volumes in-32.

SOUVENIRS DIPLOMATIQUES, correspondance intime de M. de Chateaubriand. 1 volume in-8°.

CHATEAUBRIAND ET SON TEMPS. 1 beau volume in-8°.

CHANTS POPULAIRES DE LA GRÈCE MODERNE, réunis, classés et traduits. 1 volume grand in-18.

PARIS. — SIMON RAÇON ET COMP., RUE D'ERFURTH, 1.

CHANTS POPULAIRES

DE LA

GRÈCE MODERNE

RÉUNIS, CLASSÉS ET TRADUITS

PAR

LE Cte DE MARCELLUS

ANCIEN MINISTRE PLÉNIPOTENTIAIRE

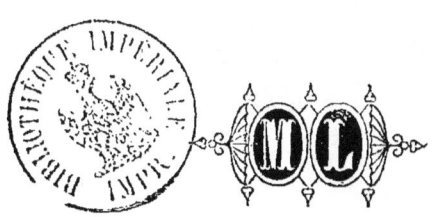

PARIS

MICHEL LÉVY FRÈRES, LIBRAIRES-ÉDITEURS

RUE VIVIENNE, 5 BIS

—

1860

Tous droits réservés.

PRÉFACE

En 1816, au Palais de France, à Thérapia, par un jour d'octobre, je contemplais du haut de ma fenêtre le Bosphore et ses flots apaisés. Après une nuit orageuse, où un vent violent du nord avait jonché la rive de ces petits poissons que surprennent les vagues et qu'en se brisant contre les quais elles y jettent avec leur écume, le calme était survenu. On ne voyait plus à la surface de la mer que la ligne des courants; on n'entendait plus que leur faible clapotement, à cet endroit du canal de Thrace où resserrés par l'Europe et l'Asie, ils s'écoulent plus vite. Un vaisseau y naviguait en ce moment, et me cachait sous ses voiles détendues la montagne du Géant derrière laquelle montait le soleil à peine levé. Ce vaisseau, c'était l'*Alerte*, du port de Lorient. Mais à quoi bon le nommer? Sa carène fatiguée sous les lames de l'Euxin et déjà vieillie n'a sans doute, après tant d'années, laissé de lui pour toute mémoire que son nom menteur légué à de plus véridiques héritiers.

Les allures de ce navire m'étonnèrent tout d'abord; mais je ne tardai pas à reconnaître qu'il ne manœuvrait plus. En effet, abandonné par la brise matinale du sud qui venait de tomber tout à coup, il cédait malgré lui à la force des courants, et comme ces courants chassés de la mer-Noire portaient droit sur la pointe de Thérapia que nous habitions, le vaisseau s'en rapprochait sensiblement; bientôt même il l'aborda par le travers, mais sans endommager ni ses murailles, ni les nôtres qui touchaient de si près au fleuve amer. Et comme il n'était plus qu'à quelques pieds de ma fenêtre, le capitaine que j'interrogeai, m'expliqua, tout en flottant, que, trompé par son pilote, et surpris par le calme, il allait, à la faveur de ces mêmes courants qui le faisaient reculer, se laisser glisser jusque dans notre petit port de Thérapia, où il jetterait l'ancre.

Malheureusement quelques maisons en bois comme la nôtre bordaient aussi le quai, et tandis que le vaisseau ne gouvernant plus descendait toujours, un peu plus loin que le Palais de France, son beaupré porta contre le mur ou pour mieux dire contre la cloison de la demeure d'Aleko Soutso, cousin du prince Michel que nous avons connu et aimé à Paris. Le beaupré, après avoir poussé en avant les solives et les planches de la chambre occupée par Aleko Soutso, s'en dégagea de lui-même; mais un peu plus bas revenant à la charge, et plus hostile cette fois, il perça de part en part un élégant petit kiosque qui avançait alors entre l'entrée du port de Pharmakia et le Bosphore, et il en ressortit par le toit comme un tuyau de cheminée.

Ce kiosque appartenait au fils du docteur Desylla, célèbre médecin qui avait épousé en secondes noces la princesse Euphrosine Caradgea, surnommée pour ses malheurs *la princesse infortunée*. Le jeune Desylla vint aussitôt se plaindre du délit et en exposer les pressants dangers à l'ambassadeur, qui m'envoya sur-le-champ les constater et y porter remède. Je trouvai la petite maison tellement embrochée par le mât provocateur, que le vaisseau s'était arrêté de lui-même après cet acte de violence; et, pour le dégager, il fallut sans hésiter scier le beaupré ras de la cloison. Cela fut exécuté promptement avec force excuses du capitaine, et tout autant de politesses envers moi de la part de la Cocconitza, épouse du jeune propriétaire : elle n'oublia pas même au milieu de nos agitations et de ses inquiétudes, la confiture et le sorbet hospitaliers qu'elle crut devoir à notre importune visite. L'architecte du Palais de France estima le dégât : le tout coûta peu, et fut bien vite réparé, car la forêt de Belgrade, notre voisine, offrait alors des ressources toutes prêtes pour radouber les navires comme pour construire les palais.

De tous les individus mêlés à l'aventure, je fus le seul à en retirer un véritable profit; car ces relations nées du hasard ne devaient pas cesser, et il me fut donné pendant quelques années, sur ces divans rétablis et sous ces lambris redorés, d'apprécier dans toute sa pureté et son élégance l'idiome grec dont j'étudiais déjà les mystères.

Il m'était resté, pour remplir jusqu'au bout ma mission, le devoir de visiter aussi le mur en planches troué au premier abordage de l'indocile vaisseau. Là, ma tâche fut plus facile encore. Je connaissais Aleko Soutso; il me raconta lui-même en riant sa surprise à la vue de cette pointe de mât qui avait frappé si lentement mais si irrésistiblement à sa porte. « Mon ami, » me dit-il, et il me montrait en parlant ainsi, un homme d'une douce figure qui paraissait avoir cinquante ans, « mon ami écrivait le

« dos appuyé contre les parois qui font face à la mer,
« quand il s'est senti doucement poussé en avant; sa
« plume a tremblé, son inspiration s'est arrêtée; et,
« en se retournant, il a vu l'ennemi s'introduire et
« se retirer presque aussitôt. »

Cet écrivain si bizarrement interrompu dans son labeur, c'était le poëte Christopoulos dont les chansons manuscrites ou imprimées charmaient déjà les vingt millions d'Hellènes qui parlent encore la langue d'Homère. Christopoulos voulut bien ne s'effrayer ni de mon titre d'étranger, ni de ma qualité diplomatique, ni même de mon inexpérience de la langue qu'il maniait si bien. Il me permit de le revoir souvent. Il n'osait sans doute, pour me chercher, franchir le seuil du palais de l'ambassade, mais les grands déserts qui entourent, Iéni-Keui, Kalender et Thérapia nous rapprochèrent fréquemment l'un de l'autre : et nous nous rencontrions chez les princes Morusi, dont la maison lui était constamment ouverte.

C'est à Christopoulos que je dus plusieurs des chants populaires que je recueillais alors et dont je fis paraître plus tard les premiers fragments. Ami de la poésie antique, et partisan classique de la mythologie, il faisait grand cas néanmoins de la muse

populaire. « C'est-elle, » disait-il, « qui nous a con-
« servé les traditions de notre résistance à une
« longue servitude. C'est elle qui prépare notre
« affranchissement. Elle entretient le patriotisme et
« le courage dans nos montagnes indépendantes à
« demi; elle en renvoie l'écho jusque dans nos îles
« les plus asservies, enfin elle nous initie à la li-
« berté. »

— « Quoi donc ? » me disait-il un jour sous les
ombrages du jardin des princes Morusi, qui confinait
au nôtre, et où le bruit du Bosphore et la curiosité
des quais ne pénétraient pas; « croyez-vous parce que
« j'ai chanté Éros et Bacchus, et parce que mes
« cheveux blanchissent sur ma tête, croyez-vous
« que je ne brûle pas à mon tour de ce feu national
« qui éclate dans nos hymmes guerriers? Ah! comme
« ces héros de Souli, morts pour la Grèce, je m'in-
« digne de notre honte et de nos souffrances. Les avons-
« nous donc méritées? Faut-il toujours argumenter
« contre nous de quelques défauts, nés de la bar-
« barie de nos oppresseurs et inhérents à l'esclavage?
« L'islamisme étouffe et corrompt tout ce qu'il
« touche. Où en seriez-vous, vous-mêmes, si Charles
« Martel n'eût repoussé pour jamais des Gaules les
« Sarrasins? Remarquez-le bien, l'Espagne n'a eu

« le siècle de Calderon et de Cervantès qu'après avoir
« chassé les Maures; et la littérature allemande date
« de la levée du siége de Vienne. Enchaînez les
« muses mêmes sur notre Parnasse, leur primitive
« demeure, et elles resteront muettes. »

Puis, souriant lui-même à ces rapprochements
historiques, et s'animant au souvenir de son modèle
favori : « Non, » ajouta-t-il : « Anacréon n'eût pas
« chanté le nectar de Scio, si les lois de Solon avaient
« foudroyé les vignes ! Sa lyre n'eût jamais vanté la
« beauté de son amie, si un eunuque noir à Athènes,
« presque ému de ce délicieux portrait, avait pu la
« ravir pour le sérail de son maître ! Et pourtant,
« même sous le glaive des Osmanlis, notre poésie n'est
« pas morte. J'en atteste tous ces cris de la muse na-
« tionale, qui résonnent sourdement mais sans s'étein-
« dre, de Trébisonde jusqu'en Chypre. Notre langue
« se purifie peu à peu du limon impur du dialecte de
« nos envahisseurs, comme si elle commençait ainsi
« à secouer une part de leur joug. Le reste tombera
« bientôt, repoussé par notre nation tout entière.
« N'en croyez pas ces Anglais qui, évitant nos mon-
« tagnes, pensent nous connaître pour avoir tra-
« versé nos plaines au galop, et nous accablent, à
« leur retour chez eux, de dédain et d'invectives !

« Ces insulaires, si fiers de leur liberté, refusent
« d'en faire l'essai dans celles de nos provinces que
« nos malheurs leur ont soumises. Ah! leur plus
« grand poëte augurait mieux de notre avenir, lui
« qui voulut mourir pour notre cause.

« Lisez, lisez nos poésies populaires, et vous
« verrez que notre idiome moderne a gardé bien des
« vertus de l'antique, et là : où il diffère, n'oubliez
« pas que nous avons dû céder nous-mêmes au poids
« des âges, et que la belle langue d'Athènes éprouva
« jadis les mêmes péripéties : son plus éloquent in-
« terprète, Platon, l'avoue par la bouche de Socrate.
« Ne savez-vous pas, dit-il, que les expressions
« originelles ont été altérées par les poëtes pour
« ajouter à l'élégance du discours, et que les mots
« n'ont pas moins souffert de cet effort pour les
« embellir, que de la marche du temps? — C'est le
« déclin que subissent inévitablement toutes les
« œuvres humaines; et notre langue, vous en con-
« viendrez, a, mieux que ses sœurs, résisté à la
« lente corruption des siècles. Comparez, et jugez
« vous-mêmes; y a-t-il si loin de Tyrtée à Rigas? »

Je me souviens de ces paroles, comme si je les
entendais encore s'échapper de la bouche du moderne Anacréon, et je les consignai dès lors sur le

journal où je reproduisais les plus vives impressions de ma vie orientale. Chaque fois que je le parcours, je leur obéis encore; je reprends en main les chants de la muse populaire. Je m'exalte, je m'attendris en les feuilletant. Et n'est-ce pas aussi un hommage à la mémoire de Christopoulos, que cette traduction dédiée à mes compatriotes pour leur faire aimer les siens?

Oui, ce recueil devient pour moi comme une suite de mes souvenirs de voyage; c'est une de mes anciennes jouissances que je cherche à rajeunir et à communiquer; et la mémoire en est pour moi si puissante que, même aujourd'hui quand je relis le texte pièce à pièce, mon imagination passe par-dessus, et s'envole toujours vers les temps et les lieux où je le lus pour la première fois.

Ainsi les chants historiques rassemblés au pied du Pinde, et dans le voisinage de Souli firent briller à mes yeux les premières étincelles de ce feu sacré qui allait embraser les îles et le continent grecs jusqu'au triomphe si partiel encore de leur indépendance : ces soupirs des enfants d'Argos et des bergers de Sicyone pour la liberté semblent résonner à mon oreille, tels qu'ils s'échappaient à voix basse en 1820, quand je venais de prophétiser aux Caloyers de Jérusalem, épouvantés de ma hardiesse, des jours sanglants suivis d'une prochaine renaissance.

Les chansons klephtes me représentent encore ces grandes ombres de l'Olympe que j'apercevais se dessinant sur le ciel le plus pur, par delà les plaines de la Livadie; ces roches immenses que je gravissais jusqu'aux sommets des monts Géraniens, ces forêts enchaînant l'un à l'autre leurs vastes abris, comme un asile ouvert aux Pallicares fièrement rebelles, enfin les pics inaccessibles des montagnes de la Locride et de l'Épire que mes regards contemplaient, lorsque, assis sur les penchants de la citadelle de Corinthe, lassé d'admirer les mers d'Épidaure et d'Égine, je voyais par-dessus les ondes du golfe de Lépante le soleil se coucher derrière Missolonghi.

Le tableau se prolonge et me rappelle, avec les chants divers que j'y ai réunis, les îles de l'Archipel; Milo, d'où je n'enlevai pas seulement *la Vénus* vraiment *victorieuse* condamnée à périr sous le marteau musulman, mais encore beaucoup de ces chansons éphémères de toutes les rades, que les marins y apportent et y perpétuent : Naxos qui me livra de précieuses légendes; Chypre où l'hospitalité du palais et de la chaumière, à Cythère comme à Idalie, me dota de ces poésies qui peignent le mieux le cœur et les coutumes du peuple; enfin Scio, dont les jeunes filles, vouées à une si terrible extermination, entourant sur leur plage le jeune étranger avec une gracieuse et familière innocence, lui apprirent en riant les vers qu'elles chantaient le soir à l'ombre des orangers.

A l'aide de mes romances, je retrouve à Constantinople ces soirées où les princesses grecques déroulaient pour moi les cahiers des stances et des couplets dont elles avaient amusé leur adolescence, entremêlant les sons nationaux du téorbe aux barcarolles et aux *canzonette* de l'Italie que le piano européen accompagnait; puis mes chasses dans le désert de Kila, aux sables de Domous-Déré, sous les forêts profondes qui entourent les aqueducs de Justinien, où nos guides comme nos hôtes, pour égayer nos longues marches et nos oisives veillées, repassaient les fredons de leur jeunesse : je crois toujours les voir s'arrêter en me les dictant, et appuyer sur les traits caractéristiques, à leur sens, de la beauté des légendes, accolant aussi à un texte bizarre un commentaire plus bizarre encore.

En relisant les chants badins et de danse, il me semble recevoir une fois de plus les confidences de mon ami Yorgos le pilote, quand aucun écueil n'inquiétait sa vigilance, et qu'insouciant des manœuvres du vaisseau en pleine mer, il souriait complaisamment d'avance aux joies de la saison rigoureuse, aux rondes et aux chansons de l'île de Cimoli, chef-lieu de ses plaisirs de l'hiver; Cimoli éternel rendez-vous des pilotes inactifs qui attendent gaiement tous ensemble la première hirondelle comme la première voile de l'Occident pour braver les bas-fonds de la mer Icarienne, les orages de l'Euxin, les Cyanées, et les roches pittoresques de l'Hellespont.

Enfin, les distiques dont chaque îlot et chaque village, pour ainsi dire, ont accru le nombre, me ramènent vers les îles des Princes où je commençai à les recueillir, et à la fois vers mes longues promenades maritimes autour des caps asiatiques, pendant le calme et la sérénité des plus belles nuits orientales. Mais quoi! ébloui de tant d'images revenues, de tant de noms harmonieux, de tant de réminiscences classiques, voilà que je m'oublie encore! de grâce qu'on me pardonne mes lointaines digressions; je reviens, et je finis.

En Grèce, la poésie populaire n'est pas seulement le miroir de l'esprit, de l'intelligence et des goûts d'une nation, c'est encore une part essentielle de son histoire. A travers le recueil que je présente aujourd'hui à mes lecteurs, ils peuvent suivre dans un ordre à peu près chronologique les espérances et les progrès des Hellènes depuis le jour de l'asservissement jusqu'à la première heure de l'indépendance. Et quand les écrits de chaque matin pèsent et balancent les diverses méthodes tentées pour introduire la civilisation en Orient, il ne peut être hors de propos d'appeler une fois de plus l'attention sur le peuple qui doit jouer le rôle principal dans ces nouvelles destinées. Or, c'est ce même peuple dont les rois de l'Europe ont aidé jadis le réveil, quelques-uns de leurs efforts, presque tous de leurs vœux.

Je m'arrête. La muse de la Grèce va parler plus haut que moi. Elle saura conquérir pour ses enfants la faveur universelle, comme elle a su leur présager déjà le triomphe de la Croix et de la liberté.

AVERTISSEMENT

Les chants populaires que j'avais recueillis en Orient de 1816 à 1820, comme ceux que M. Fauriel a publiés en 1824 et 1828, se sont échappés difficilement et l'un après l'autre du sol où ils n'avaient encore, pour ainsi dire, qu'un retentissement clandestin. La Grèce était alors ou peu visitée des voyageurs, ou soulevée par les apprêts et le développement de la guerre de l'indépendance; et j'ai dû dans mon premier travail rapprocher bien des fragments, réunir bien des feuilles éparses, et choisir parmi des manuscrits confus, ou dans des textes imprimés çà et là, en Allemagne, en Russie, et à Athènes.

Quant à la collection presque complète que je soumets aujourd'hui au public, j'y ai étendu et élargi l'application de ma méthode : j'ai recherché les dates, classé les genres; et, conservant les leçons qui m'ont paru les plus naturelles, j'ai nettoyé de mon mieux le chant rustique de l'alliage qui pouvait nuire à sa primitive valeur. Pour cet effet, je n'ai négligé ni perquisitions ni études, et j'ai mis tous mes soins à reproduire la chanson telle qu'elle s'est primitivement envolée des montagnes et des îles qui l'ont vue naître. Puissent mes essais en perpétuer le charme et en prolonger l'écho !

CHANTS POPULAIRES
DE LA GRÈCE MODERNE

PREMIÈRE PARTIE

CHANTS HISTORIQUES
ET KLEPHTES GUERRIERS

I

LES MALHEURS D'ADRIANOPLE [1]

EN 1361

Les rossignols de la Valachie et les oiseaux de l'Occident pleurent.

Ils pleurent le soir, ils pleurent le matin, ils pleurent à midi.

Ils pleurent Adrianople, si cruellement frappée. On lui a retranché les trois fêtes de l'année :

Le feu sacré de Noël,

Les saintes palmes du jour des Rameaux,

Et l'éclat du dimanche où le Christ est ressuscité.

[1] Voici le plus ancien fragment de chant populaire, conservé dans la langue grecque moderne. Il remonte à la prise d'Adrianople par le vizir d'Amurat Ier.

II

LA PRISE DE SAINTE-SOPHIE DE SALONIQUE

EN 1386

Ils ont pris la ville ; ils l'ont prise, ils ont pris Salonique ;
Ils ont pris aussi Sainte-Sophie[1], le grand monastère
Qui avait trois cents crécelles et soixante-deux cloches.
Chaque cloche avait son prêtre, chaque prêtre son serviteur.
Comme on élevait l'hostie sainte et le Roi du monde,
Une voix vint du ciel par la bouche des Anges :
— « Cessez les chants, abaissez la sainte hostie,
« Et mandez aux Francs[2] qu'ils viennent la prendre.
« Qu'ils prennent la croix d'or, le saint Évangile, et la
« table consacrée, pour éviter les profanations. » —
Dès que la Vierge souveraine entend cette voix, ses images pleurent.
O Vierge puissante ! calmez-vous, cessez de pleurer et de gémir :
Avec le temps et les années, tout cela vous reviendra.

[1] *Djemma Sophia*, comme l'appellent les Turcs ; ancien temple de Jupiter, où est la chaire de saint Paul.
[2] Les Francs sont ici les Vénitiens, à qui Salonique avait été livrée par l'empereur Andronic, et sur lesquels, huit ans après, elle fut reprise par les Ottomans.

III

LES POISSONS DE CONSTANTINOPLE

EN 1453

Une religieuse faisait cuire des poissons dans la casserole; et une voix, une voix faible, mais qui vient du Dieu d'en haut, lui dit :

— Cesse ta cuisine, bonne vieille, car la ville va être prise par les Turcs.

— Quand ces poissons voleront, quand ils sortiront d'ici tout vifs, alors seulement entrera le Turc, et la ville sera à lui. —

Les poissons revivent, s'envolent, et l'émir entre avec sa cavalerie [1].

---

[1] Ne serait-ce point là un souvenir de l'*Aghiasma* ou de la *Fontaine des poissons* que les Turcs nomment *Balukli*, et que l'on voit dans les ruines d'une église grecque à Constantinople auprès d'*Ederné Kapoussi*? Le vendredi après Pâques, les Grecs y célèbrent une fête fort courue où l'on montre, nageant dans les eaux de la fontaine, des poissons, que l'on dit cuits à demi, suivant une légende qui date de la prise de la ville par Mahomet II.

IV

LA PRISE DE CONSTANTINOPLE

— CHANT DE TRÉBISONDE —

EN 1453

La grande ville que l'empereur Constantin a fondée a eu des portiers traîtres, des gouverneurs peureux, un chien blanc qui a livré ses clefs, et un oiseau, un bel oiseau, qui s'échappa de la ville.

Il avait une aile tachée de sang; sous l'autre, il portait un papier écrit, et il ne s'arrêta ni dans la vigne, ni dans le jardin, mais il alla se poser au pied d'un cyprès.

Mille patriarches, avec dix mille évêques, sont venus; aucun d'eux ne peut lire le papier, aucun ne peut le lire. — C'est Jannitas, le fils de la veuve, qui l'a lu : dès qu'il l'a lu, il a pleuré, et il a frappé sa poitrine.

— Malheur à nous! malheur à nous! Il n'y a plus de Romanie! Ils ont pris les remparts, ils ont pris les trônes, ils ont pris les églises et tous les couvents!

Ils ont pris Sainte-Sophie et son grand monastère, qui avait quarante caloyers et soixante-cinq servants, douze crécelles et dix-huit cloches.

Malheur à nous! malheur à nous! Il n'y a plus de Romanie!

V

CHRISTOS LE MILIONIS [1]

EN 1690

Sur le penchant du quartier klephte se sont posés trois oiseaux : l'un observe l'Armyros [2] ; l'autre vers Valtos [3] ; le troisième, le meilleur, fait sa complainte et dit : « O monseigneur ! qu'est devenu Christos le Milionis ? Il n'a paru ni dans le Valtos, ni à Kryabrysi [4]. On nous a dit qu'il a passé par ici, allant vers l'Arta [5], et qu'il a fait le cadi prisonnier, ainsi que deux agas. » A cette nouvelle, le moutsélim [6] s'est affligé profondément ; il a mandé Mavromati et Mouctar, le chef du défilé : — Si vous voulez du pain, si vous voulez des primaties, tuez Christos le capitaine Milionis. — Ainsi le sultan ordonne, et il en a rendu le firman. — Le jour du vendredi arrive (ah ! jamais il n'aurait dû luire !), et Suléiman est expédié à la recherche de Christos. Il le trouve à Armyros, où ils s'embrassèrent et burent la nuit tout entière jusqu'au jour. Puis, quand l'aube a paru, ils vont aux quartiers. Suléiman crie alors au capitaine Milionis :
— Christos, le sultan te veut, et les agas te veulent aussi.
— Tant que Christos est en vie, il ne reconnaît point les Turcs. — Ils courent avec leurs carabines l'un sur l'autre, font feu sur feu, et tombent sur la place.

---

[1] *Milionis* signifie porteur d'une longue carabine.
[2] L'*Armyros*, canton ; et *Armyros*, ville de la Pthiotide.
[3] Le *Valtos*, canton ; l'ancienne Agraïde.
[4] *Kryabrysi*, la *froide fontaine*.
[5] L'*Arta*, capitale de l'Acarnanie.
[6] Le *Moutsélim*, le gouverneur.

VI

IANI BOUKOVALLAS [1]

EN 1715

Quel est donc le bruit qu'on entend et ce grand tumulte? Est-ce que des buffles s'égorgent? y a-t-il guerre chez les animaux féroces?

Les buffles ne s'égorgent pas, et chez les animaux féroces il n'y a point guerre.

C'est Boukovallas qui se bat contre quinze cents hommes au milieu de Kérassovo [2] et au village neuf [3]. Une blonde jeune fille lui crie de sa fenêtre : — Arrête le combat, Iani, arrête les mousquets. Que la poussière tombe et que l'orage se dissipe pour qu'on puisse compter ton armée et voir ce qu'il en manque. —

On compte les Turcs trois fois, il en manque cinq cents. On compte les fils des klephtes, il leur manque trois garçons ; l'un est allé chercher l'eau, l'autre le pain ; le troisième, le meilleur, est gisant sur sa carabine.

---

[1] « Christos Milionis et Boukovallas, les plus anciens klephtes dont « l'histoire se conserve dans les chants populaires de la Grèce mo- « derne. »

(VILLENAIN, *Essai historique sur l'état des Grecs*, p. 275.)

[2] *Kérassovo*, ville au canton de Konitza, en Acarnanie.

[3] Le *Village neuf*, ibid.

VII

ANNIS STATHAS, GENDRE DE BOUKOVALLAS

EN 1720

Dans les eaux de Kassandra [1] un vaisseau noir naviguait. Des voiles noires et un étendard couleur du ciel le couvrent.

Une corvette à pavillon rouge vient sur lui. — Amène les voiles, crie t-elle, et mets-les à bas. — Je n'amène point mes voiles, et je ne les mets point à bas. Me prenez-vous pour une nouvelle mariée qui va saluer le marié? Je suis Iannis, le fils de Stathas, le gendre de Boukovallas. Enfants, lancez le câble; et à la proue du vaisseau. Versez le sang des Turcs; point de pitié pour les infidèles. — Les Turcs virent de bord et présentent la proue. Iannis le premier s'élance le sabre au poing. Le sang coule à flots, la mer rougit, les infidèles crient : « Allah! Allah! » et se rendent.

[1] *Kassandra*. Est-ce la Péninsule de Pallène en Macédonie, qu'Eustathe nomme Kassandria, ou la ville maritime de Kassandrea, l'ancienne Potidée; ou enfin quelque parage ignoré de la côte d'Acarnanie? Je penche pour cette dernière conjecture.

VIII

LETTRE DES KLEPHTES DU VALTOS

EN 1760

Là-bas, dans les villages du Valtos, dans le Xéroméros [1] et l'Agrapha [2], comme dans les cinq districts, sortez, frères,

Et venez voir cette grande troupe de klephtes, tous vêtus d'or.

Ils sont assis ; ils mangent, boivent et font trembler l'Arta.

Ils se mettent à écrire une lettre, où ils insultent la barbe du cadi ;

Ils écrivent aussi à Comboti [3], et envoient leurs respects à l'évêque.

« Réfléchissez-y bien, nous allons brûler vos villages.

« Rendez-nous au plus tôt nos priviléges d'Armatole,

« ou nous fondons sur vous comme des loups. »

[1] Le *Xéroméros*, canton de l'ancienne Acarnanie.
[2] L'*Agrapha*, canton de l'Agraïde d'Étolie.
[3] *Comboti*, évêché grec du canton de Xéroméros.

IX

LES ARVANITES A ANAPLI

EN 1770

Le sultan, par un ordre suprême, décrète que la flotte descende, ainsi que le Capitan-Pacha. La flotte descend et mouille à Anapli, et le Capitan-Pacha traverse en personne les défilés avec l'armée. Il fait des lettres et les expédie, des lettres et il les envoie. — « A toi, Mourto Khamza, et à vous, arvanites ; partez à l'instant de la Morée. » — A moi des lettres ? J'en ai brûlé mille à mon feu, et celle-ci, je te l'écris sur mon derrière. —Tais-toi, Mourto, tais-toi, pas de sottises ; car tu n'as que peu de troupes et tu pourrais t'en repentir. — Six ou huit milliers de fusils des nôtres, et vous cent mille galioundgis [1]. — Ils jettent le cri d'Allah ! Allah ! tirent leurs sabres et poussent les Turcs, devant eux, comme des chevreaux.

[1] *Galioundgis*, officiers de la marine turque.

X

KONTOGHIANNIS

EN 1770

Qu'ont-elles donc, les montagnes de Goûra[1], pour demeurer si affligées ? La grêle les frappe-t-elle, ou bien un rigoureux hiver ? Ce n'est ni un hiver rigoureux, ni la grêle. C'est Kontoghiannis[2], qui se bat l'hiver comme l'été.

XI

LE SABRE DE KONTOGHIANNIS

Pour celui qui ne redoute pas les tyrans, et qui vit libre dans le monde, le sabre seul est la gloire, l'honneur et la vie.

---

[1] *Goûra*, l'ancien Othrix, en Thessalie.
[2] *Kontoghiannis*, l'un des capitaines klephtes les plus renommés de la Thessalie et armatole héréditaire.

XII

LA BRU DE KONTOGHIANNIS

EN 1770

Elle repose sous des couvertures d'or et sur des coussins dorés, la bru de Kontoghiannis, la femme du capitaine. Je m'épouvante de la réveiller, je tremble de lui adresser la parole. Je vais cueillir des noix muscades pour les lui jeter : le parfum la saisira et la réveillera peut-être. En effet, à force de muscades et de noix, la femme du capitaine se réveille, et me questionne doucement.

— Quelles nouvelles m'apportes-tu de la part des capitaines? — Mauvaises sont les nouvelles que je vous apporte de la part des capitaines. On a pris Nicolaki[1] et blessé Constantin[2].

— Où es-tu, mère? accours, prends-moi la tête, et serre-la bien fort, bien fort, pour que je dise mes complaintes. Mais qui pleurerai-je des deux? A qui mes complaintes iront-elles? Ah! je pleurerai à la fois Constantin et le malheureux Nicolaki. Ils étaient dans les montagnes des bannières et dans les plaines des étendards. —

[1] *Nicolaki Kontoghiannis*, capitaine de klephtes, fils du précédent.
[2] *Constantin Kontoghiannis*, frère de Nicolaki et son protopallicare.

XIII

KITZOS ET SA MÈRE

EN 1780

La mère de Kitzos [1] s'est assise sur le bord du fleuve. Elle gronde le fleuve et lui jette des pierres. — « Fleuve, « amoindris-toi ; fleuve, retourne en arrière pour que je « traverse à l'autre rive, là-bas, au territoire des klephtes, « où les klephtes ont leur assemblée, et où ils ont leurs « postes. » —

— Kitzos était pris et on le menait pendre. Mille Turcs marchent devant lui, et deux mille derrière. Tout en dernier, venait sa mère désolée. Elle se lamentait et disait ; elle se lamente et dit : « Kitzos, où sont tes armes ? et tes « pauvres ornements ? »

— O ma mère ! mère folle et insensée, tu ne regrettes ni ma triste jeunesse, ni mon courage ; et tu regrettes mes pauvres armes et mes pauvres ornements ! —

A ces mots, la mère approche, et, de son couteau, elle tranche la corde qui le retient. Kitzos s'élance sur le Turc le plus près de lui et lui prend son sabre, puis il s'échappe du côté des montagnes, et ne s'arrête plus qu'après en avoir atteint les sommets.

[1] *Kitzos* ou Christos, jeune klephte de la Thessalie.

XIV

KOUTSOCHRISTOS

EN 1800

Le ciel s'est assombri ; le vent mugit ; les vallées retentissent. Les fidèles s'effrayent des malheurs qui s'annoncent ; et les corbeaux croassent.

C'est Koutsochristos [1] qui se bat contre Tahir-Pacha [2] : les coups de feu tombent comme la pluie et les balles comme la grêle. On moissonne des cadavres turcs, ces carcasses d'Iconiates [3].

Koutsochristos, ainsi qu'un aigle, plane sur eux et les entoure tel qu'un formidable lion. Le sabre à la main, il veut vaincre sans mousquet ; il les égorge comme des brebis, ou les chasse comme des lièvres... Puis, il dit à ses braves :

« Frappez ces chiens, ne les épargnez pas ; qu'ils sachent
« à qui ils ont affaire. Frappez ces chiens d'infidèles, avant
« que le soleil se cache et que la nuit vienne au ciel, pour
« qu'ils ne puissent s'échapper. »

Et les Turcs crient : Allah ! Allah ! et ils s'enfuient pleins d'épouvante : « — Allah ! Allah ! miséricorde !
« quelle terrible déroute ! » —

---

[1] *Koutsochristos*, chef de klephtes en Macédoine.
[2] *Tahir Pacha*, gouverneur de Salonique.
[3] *Iconiates*, Turcs thessaliens. Colonie d'Iconium.

XV

ANDRITSOS

EN 1789

La mère d'Andritsos [1] se désespère. La mère d'Andritsos gémit. Elle se retourne souvent vers les montagnes, et les maudit toutes :

« Ah! les sauvages collines d'Agrapha [2]! Ah! les cimes
« des monts d'Agrapha! Qu'ont-elles fait de mon fils
« chéri? du capitaine Andritsos? Où est-il, qu'on ne le
« voit pas cet été? On n'en a rien appris, ni à Aspros [3],
« ni à Karpénisi [4]. Anathème sur vous, magistrats, et sur
« toi, Karageorge! C'est vous qui avez éloigné mon enfant,
« le premier des Pallicares. Fleuves, amoindrissez-vous;
« retournez en arrière, et ouvrez la voie à Andritsos pour
« qu'il revienne à Karpénisi. »

[1] *Andritsos*, Andrikos ou Androutsos, célèbre capitaine klephte.
[2] *Agrapha*, l'Agraïde d'Étolie.
[3] *Aspros*, canton que traverse l'Aspros-Potamos, l'ancien Achéloüs.
[4] *Karpénisi*, canton montagneux à la limite de l'Épire et de la Thessalie.

XVI

LE SONGE DE DIMOS

EN 1805

Dimos[1], ne te l'ai-je pas dit une fois? trois et cinq fois ne te l'ai-je pas dit? Ne relève pas ton turban, cache tes plaques. Si les arvanites[2] te voient, ils tireront sur toi et te tueront, en raison de tout cet argent et de tant d'orgueil.

Les coucous chantent sur les collines, et sur les penchants les perdrix. Un petit oiseau chante aussi sur la tête de Dimos. Il ne gazouille pas comme un oiseau, ni comme une hirondelle, mais il gazouille et parle d'une voix humaine. — Mon Dimos, pourquoi donc es-tu si pâle et si consterné? — Petit oiseau, je vais te le dire, puisque tu me le demandes : je me suis retourné pour m'endormir et prendre encore un peu de sommeil; puis, dans ce sommeil même, tout assoupi que j'étais, j'ai vu le ciel trouble, les étoiles rouges et mon sabre de Damas tout teint de sang. —

---

[1] *Dimos*, diminutif de Démétrius, capitaine de klephtes de Thessalie.
[2] Les *arvanites*, soldats turcs de l'Albanie, satellites des pachas.

XVII

LE TOMBEAU DE DIMOS

EN 1805

Le soleil disparaissait, et Dimos donne ses ordres : —
« Allez, mes enfants, à la fontaine, pour manger le pain
« de ce soir; et toi, mon neveu, Lampraki[1], viens t'asseoir
« là près de moi; tiens, porte mes armes pour être capi-
« taine. Et vous, mes enfants, prenez mon sabre chéri :
« coupez des branches vertes, dressez-les pour m'y as-
« seoir; amenez le confesseur pour qu'il m'entende, et
« que je lui dise tous les péchés que j'ai pu commettre.
« J'ai été armatole[2] trente ans, en voilà vingt que je suis
« klephte. Maintenant la mort m'arrive, et je vais mou-
« rir. Faites ma tombe large; qu'elle soit haute, pour
« que j'y puisse combattre debout, et y charger des deux
« côtés le mousquet. Laissez du côté droit une fenêtre
« pour que les hirondelles y viennent m'apporter le prin-
« temps et les rossignols m'annoncer le beau mois de
« mai : que les oiseaux y entrent et sortent pour me don-
« ner des nouvelles; des nouvelles de ma maison; de mes
« enfants des nouvelles. » —

[1] *Lampraki*, fils de Lampros et neveu de Dimos, capitaine de klephtes en Thessalie.
[2] *Armatole*, milice grecque enrégimentée par les pachas.

XVIII

IOTIS BLESSÉ

EN 1786

Sur la tour de Panagia [1], trois oiseaux se sont posés; tous les trois gémissent l'un après l'autre; et leurs complaintes sont amères :

« A quoi réfléchis-tu, mon Iotis? que mets-tu dans ton « esprit? Ce n'est pas la saison cette année de sortir « en armatole ou en klephte. Les détroits sont aux Turcs « et aux mains des arvanites.

« Bien que les détroits soient aux Turcs et aux mains « des arvanites, demandez à Dieu et à tous les saints « que ma main guérisse et que je puisse tenir mon sabre.

« Je prendrai le revers des montagnes, le revers des « pics ; je saisirai vivants les agas des Turcs et des ar- « vanites. Ils apporteront la monnaie dans les pans de « leurs robes et les pièces d'or dans les plis de leur « sein. » —

---

[1] *Panagia*, c'est un village très-peu connu de Thessalie. Ce n'est ni le bourg Panagia de la Thesprotie, ni le château Panagia de l'Hellespont, désigné sous ce nom par le géographe Mélétios (t. III, p. 57). Iotis ou Panaiotis était un klephte du mont Olympe.

XIX

LA MORT D'IOTIS

EN 1790

J'entends les mélèzes résonner et frémir les hêtres : les retraites des klephtes pleurent leur capitaine.

— « Allons, cher Iotis[1], lève-toi, ne dors pas si profon-
« dément. La milice nous arrive et va nous charger !

— « Que vous dirai-je, mes braves enfants, mes pau-
« vres pallicares ? ma blessure est empoisonnée, et son
« plomb est amer ; soulevez-moi, que je me redresse,
« aidez-moi à m'asseoir et portez-moi du vin doux pour
« le boire, m'enivrer et dire des chants douloureux et
« plaintifs.

— « Oh! que ne suis-je dans les hautes montagnes sous
« l'épaisseur des ombrages, où l'on mène les brebis sté-
« riles et où s'engraissent les agneaux ! » —

[1] Cet *Iotis* n'est pas le même klephte que le précédent. Celui-ci est mort dans un combat livré à la garnison turque de Salonique dans la plaine qui entoure cette ville.

XX

LA NOCE DU FILS DE ZIDROS

Zidros célèbre la noce de son fils. Il a invité la klephtaire tout entière, les douze primaties. Il n'a point invité Lapas, son pauvre fils adoptif.

Tous arrivent à la fête avec des agneaux ornés de grelots; et Lapas, qui n'est pas prié, vient avec un cerf vivant, couvert d'argent, d'or et de petites perles.

Personne parmi les conviés ne le remarque; mais la Zidrène l'a vu du haut de sa fenêtre. C'est toujours la pauvre Zidrène, la triste belle-mère.

— « Bien venu soit Lapas avec son cerf tout paré. Pour
« Lapas, préparez sa couche dans la chambre, pour
« Tritza[1], sous la feuillée, et des lits pour les pallicares
« de toutes les capitaineries. » —

---

[1] *Tritza*, c'est un surnom d'amitié donné par Lapas à son cerf favori; comme qui dirait : *petit criard*.

XXI

LA MORT DE ZIDROS

Un petit oiseau est venu, et s'est posé sur la tête de Zidros. Il n'a point parlé comme un oiseau, comme les autres oiseaux parlent; il a parlé et il a dit dans le langage des hommes :

Mon Zidros [1], tu étais prudent. Tu étais un vrai pallicare parmi les armatoles et dans les capitaineries. Tu étais le premier exarque au milieu des monastères. Toutes les montagnes que tu as parcourues ont de l'herbe; tu les connaissais, tu en profitais; puisses-tu vivre toujours!

— « J'ai été quarante ans armatole et klephte. Quand
« je l'aurais été quarante ans encore, toujours fallait-il
« mourir. Je ne pleure pas ma fin, ni parce que je meurs,
« mais je pleure mon Photis, qui est petit, et qui « ne
« sait pas encore le métier de klephte. » —

[1] *Zidros* et *Photis*, klephtes héréditaires du Pinde, où leur mémoire vit encore.

XXII

PHOTIS

Les rossignols chantent sur les collines, et les perdrix sur les penchants. Un bel oiseau chante aussi sur la tombe de Photis.

« Le sorcier ne te l'a-t-il pas dit une fois, trois et cinq
« fois ne te l'a-t-il pas dit? cher Photis, ne te pare pas
« ainsi; ne porte pas tant d'ornements d'argent; abaisse
« les franges de ton turban, et cache tes bijoux. Les Al-
« banais te regardent et grincent des dents. »

— Ce ne sont ni mes parures qui m'ont perdu, ni mon ostentation; ce sont les primats qui m'ont ruiné, les primats de Livadie. Je leur avais prêté de l'argent, soixante et dix bourses. Ils m'ont promis de me les rendre, tant que je suis resté klephte dans nos montagnes; mais, lorsque j'en suis descendu et que j'ai fait ma soumission au milieu d'Élassona, ils se sont réunis deux à deux, et l'un a dit à l'autre : « Il faut tomber sur Photis, le fils de Zi-
« dros. » Puis ils ont écrit et envoyé la lettre suivante à Élassona [1] : —

« A toi, Achmet le bouloukbachi [2], et à tous tes braves.
« Nous avons mangé ensemble le pain et le sel ; nous le
« mangerons encore. Frappez Photis, le fils de Zidros; car
« il nous gâtera nos hameaux et tout le district. »

---

[1] *Élassona*, c'est l'ancien Oloosson d'Homère. Capitainerie d'armatoles.
[2] *Bouloukbachi*, général de brigade dans l'armée ottomane.

XXIII

LAZOS[1]

EN 1800

Trois jeunes perdrix se sont posées sur les hauteurs de Milias [2]; elles avaient les ongles rougis et les ailes peintes. Elles se lamentaient et disaient; elles se lamentent et disent:

— « Mon Dieu ! qu'est-il donc arrivé à Lazos l'Exarque, « qui était si connu et si renommé dans le monde? Mon « Lazos, pourquoi ne parais-tu pas cet été? Pourquoi ne « pas te promener vêtu en armatole sur ton cheval noir, « avec tes ornements dont l'éclat étincelle, et tes douze « rangs de boutons sur ta veste de drap, pour montrer « ton sabre et sa poignée d'or où le soleil se mire le matin « et se mire au milieu du jour? » —

[1] *Lazos*, diminutif de *Lazaros*, Lazare. Exarque, chef d'armatoles.
[2] *Milias*, capitainerie d'ermatoles ou de *gendarmes* chrétiens, dans la Macédoine cisaxienne.

XXIV

ALEXANDRE

Je suis monté sur l'Olympe et j'ai regardé tout alentour, tout alentour il y a la mer, et sur terre les arvanites. Je m'en viens alors au milieu de nos anciens quartiers. Je les trouve tous déserts, tous cachés sous l'herbe. J'ai jeté de grands cris aussi loin que j'ai pu. Où es-tu, mon frère Andritsos? Où es-tu, Alexandre, mon compère?

— Alexandre n'est pas ici; il est allé à Élassone, il est allé réunir les arvanites pour tomber sur toi. —

Et quel mal lui ai-je fait pour qu'il tombe sur moi? Il est venu avec une vieille capote; je lui en ai fait une neuve. Il est venu avec de vieilles sandales; je lui en ai tressé d'autres. Il est venu avec de vieux pistolets; je lui en ai donné d'argent. J'ai baptisé ses cinq enfants..... Que pas un seul ne lui survive!

XXV

PLIASKAS

EN 1814

Pliaskas est couché, il est couché à la fontaine déserte, il a les pieds dans l'eau, et veut de l'eau encore. Il parle aux oiseaux et aux hirondelles : « Oiseaux, serai-je encore soigné, et puis-je guérir encore ? — Pliaskas, si tu veux des soins et la guérison de tes blessures, monte à ce bel endroit, là-haut sur l'Olympe. Les braves n'y sont jamais malades, et les malades eux-mêmes y sont braves. Là sont des klephtes nombreux et les quatre primaties. Là se distribuent l'or et les commandements : à Nikos est échue Potamia [1] ; à Christos, Alassone [2] ; Tolios, cette année, commande à Katerini [3]. Platamone [4] appartient au jeune fils de Lazos. — Et Pliaskas, le mal partagé, à la triste fortune, comme il descend vers Tournovo [5] pour s'y distraire, l'ennemi, qui l'a suivi par derrière, lui coupe la tête.

[1] *Potamia,*
[2] *Alassone,*
[3] *Katerini,*
[4] *Platamone,*
[5] *Tournovo,*

cantons et villes des klephtes sur le penchant de l'Olympe qui regarde Larisse. Les klephtes nommés ici sont Christos et Lazos, que nous venons de voir ; Nikotsaras que nous retrouverons, et Tolios inconnu.

XXVI

LE PAPPAS DE POULIANA

Maudit sois-tu, mauvais Pappas, Pappas de Pouliana [1], toi et la lettre que tu écrivis un soir de carnaval !
« A toi, Jani Karali, et à tous tes pallicares, cinquante
« piastres pour boire, sans compter les étrennes, si vous
« m'amenez Jani, mon gendre; portez-moi sa tête, s'il re-
« fuse de venir. »
Cinq pallicares se mettent en marche, et le fils adoptif du Pappas avec eux. Ils trouvent Iani à table, au milieu de ses enfants. — « Bonjour, cher Iani. — Bonjour, ca-
« marades. Entrez, mes frères; buvons et mangeons. —
« Nous ne sommes venus ni pour manger ni pour boire.
« Iani, ton beau-père te demande; viens avec nous. »
— Si c'est pour mon bien qu'il faut venir; je vais m'habiller pour le voyage; si c'est pour mon malheur, j'irai comme je suis...

[1] *Pouliana*, village de la Macédoine.

XXVII

KALIAKOUDAS

EN 1808

Si j'étais oiseau, et si je volais, je m'élèverais bien haut pour considérer du côté du pays des Francs la malheureuse Ithaque; j'écouterais comment la Loukaine, la femme de Loucas[1], gémit, se lamente et répand des larmes amères. Elle se tourmente comme la perdrix, se déplume comme la cane; ses vêtements sont noirs comme les ailes du corbeau. Assise à ses fenêtres, elle contemple la mer; et tous les vaisseaux qui passent, elle les interroge :

« Canots, petits navires, brigantins dorés, en allant vers
« le triste Valtos et en revenant, n'avez-vous pas vu mon
« mari Loucas Kaliakoudas? »

— Hier nous l'avons laissé plus loin que Kynialimni[2]. Ils avaient des agneaux qu'ils faisaient cuire, des chevreaux embrochés, et pour tourner la broche ils avaient cinq *Beys.* » —

[1] *Kaliakoudas,* protopallicare d'Androutsos.
[2] *Kynialimni,* rade de l'Étolie, dans le voisinage et presque en face de l'île d'Ithaque.

XXVIII

TSÉLIOS

EN 1814

— Mon cher oiseau, d'où viens-tu? et où vas-tu descendre?

— Je viens de Roumélie et je vais vers la mer. Je porte à Tsélios [1], le Rouméliôte, les compliments de sa mère et de sa pauvre sœur. —

— Mon cher oiseau, Tsélios n'est pas ici ni ses braves. Véli-Pacha le cerne sur les hauteurs de Lygérie [2]. Véli-Pacha le cerne avec quatre mille hommes. Tilchabezos [3] lui a crié du haut des retranchements : « Sors, mon Tsélios, soumets-toi et viens saluer le vizir. »

Et Tsélios, du haut du retranchement, lui a répondu : « Tant que Tsélios est vivant, il ne se soumet point au « vizir. Tsélios n'a pour pacha que son sabre et pour vizir « que son mousquet. »

Il tire son sabre, le brandit, et appelle ses camarades : « Enfants, faisons une pointe contre Ismaïl-bey. »

Ils tirent leurs sabres, les brandissent, s'élancent sur Ismaïl, lui coupent la tête, et l'apportent à Tsélios. Véli-Pacha, en l'apprenant, en éprouva un violent chagrin.

---

[1] *Tsélios*, natif de la Romélie, klephte révolté.
[2] *Lygérie*, limite de la Thessalie et de la Thrace.
[3] *Tilchabezos*, klephte soumis, compatriote de Tsélios.

XXIX

CHATZI MICHALI

A l'Occident et au Midi, écoutez; écoutez de toutes parts ce que je vais vous raconter de Chatzi Michali [1].

Les Grabusais [2] se mêlent à lui écrire et envoient en Morée pour le rappeler. Ils écrivent à Chatzi, le vieux Moréite, et le prient de venir en Crète avec sa cavalerie. Celui-ci rassemble à Anapli soixante cavaliers pour les amener en Crète contre les troupes égyptiennes. Il les met dans de petits bateaux qu'il réunit en nombre; il enrôle des Rouméliotes, de braves pallicares, et arrive par terre auprès de la malheureuse Grabuse. Puis il demande aux Grabusais s'ils ont de la poudre.

— « Nous avons assez de poudre et de balles pour le « combat; mais il nous faut quelques chevaux pour tenir « la campagne. »

— Comme il ne s'y fie pas, il se rembarque et navigue vers Loutro [3] pour en savoir la vérité. Il y trouve les Sphakiens [4], qui se sont toujours montrés vaillants, et qui sont plus que tous renommés dans les combats.

---

[1] *Chatzi*, c'est le mot turc *hadgi*, pèlerin.
[2] *Grabuse*, Carabosa, cap et forteresse de l'île de Crète.
[3] *Loutro*, rade méridionale, voisine de Sphakia.
[4] *Sphakiens*, habitants du canton de Sphakia.

« — « Venez, Sphakiens, venez aussi, Rhizites[1], allons
« porter secours aux Catomarites[2]. Sphakiens, vous qui
« êtes de vrais pallicares, venez combattre les Turcs et
« quittez vos troupeaux. »

— Le pacha l'apprend et s'en désespère; il envoie ses
ordres à Castro[3], et à Réthymne[4]. « O Turcs! rassem-
« blez-vous et fondez sur lui. Accourez en foule; chassez-
« le dans la montagne. Venez, mes enfants, qu'il y tombe,
« que la mer l'engloutisse. Ou, s'il se rapproche, qu'il
« meure sous nos mousquets. »

Le kéhaya[5] qui l'entend se lève et lui dit : « Prends
« garde, Mustapha-Pacha. Celui-là ne fuit pas; c'est un
« vrai pallicare. Ce n'est pas un Lazitos[6] qui se cache
« dans les ravins; tu vas le voir; il vient de Roumélie et
« commande des braves. Il conduit des fils de Bulgares,
« cavaliers renommés, qui battront nos troupes, autant
« qu'il y en aura.

— « Kéhaya, veux-tu m'effrayer? rassemble de nom-
« breux cavaliers, et aussitôt je les broierai comme la
« chicorée quand je mange ma salade. »

— Ah! voilà que le pacha, en apprenant ces mauvaises nouvelles, se met en marche sur l'heure avec son
armée. Il mande aux gens de Castro et de Réthymne de se
réunir aux gens de Kania[7]; puis, réunis ainsi et formés
en colonne, de se rendre dans les champs de Sphakia.
Ils vont, se rassemblent près du pont hellénique, et les

---

[1] *Rhizites*, habitants de Castro-Rhizo.
[2] *Catomarites*, habitants de Catomara, canton voisin de Carabusa.
[3] *Castro*, Palœo-Castro, forteresse voisine de Rétimo.
[4] *Réthymne*, Rétimo, troisième ville de la Crète.
[5] *Kéhaya*, titre turc qui signifie *suppléant*, lieutenant.
[6] *Lazitos*, habitant de *Laziti*, village de la plaine.
[7] *Kania*, Lacanée, la ville la plus importante de la Crète : mais elle n'a que le rang de la seconde ville, Candie passant pour la capitale.

Grecs, en l'apprenant, se retirent dans la montagne. Toute sa troupe s'enfuit, petits et grands.

« Chatzi, ne va pas te battre, il n'y a plus que ta tête :
« non, il n'y a plus que ta tête; et, si tu meurs, c'en est
« fait de notre salut.

— « Je ne suis né qu'une fois, je ne mourrai qu'une
« fois. Ne faut-il donc pas une fois abandonner ce monde?
« Il vaut mieux que je tombe et meure avec honneur que
« si je vivais dans l'ignominie. Sellez mon cheval, je
« marche au combat; j'entends le pacha; il vient, c'est à
« lui que j'en veux. » —

Il dit une prière, car il pense à Dieu; prend le sabre léger suspendu à ses flancs, prie encore, et fait le signe de la croix. Il saisit les pistolets qu'il porte à sa ceinture; et, comme il saute en selle, son cheval se met à pleurer, il comprend clairement alors qu'il va mourir; il prie encore, s'affermit sur ses étriers, donne des éperons et se précipite sur l'ennemi.

XXX

GLIMIDI

Il n'y a personne qui puisse affirmer que le commandant de Loutro a bien ou mal agi, quand il a envoyé un firman à tous ses hommes de guerre dans la province de Réthymne, pour se saisir de Glimidi.

Glimidi tire son épée, les défie, et tous se précipitent sur lui comme un vol d'hirondelles. Une troupe entière contre un seul homme! On meurtrit sa tête et son bras droit de bas en haut. La tête du brave Glimidi tombe. Un Sphakien tient dans sa main, comme un étendard de guerre, cette tête de Glimidi, dont la renommée retentit dans le monde entier. Souillée de sang, on l'apporte à Russos, qui prend deux pièces d'or. — « Recevez-les en « récompense, pour avoir tué ce terrible Glimidi qui a « tué tant de gens et en voulait tuer bien d'autres. Celui « qui le pleurera, que son œil s'éteigne! Voilà ta tête, « Glimidi, toi qui voulais porter la guerre à Réthymne, à « la Canée, et y frapper de tous côtés. Voilà ta tête, Gli- « midi, jadis ornée de fleurs, et devenue maintenant le « but des carabines sphakiotes. » —

Rassemblez-vous près de la mosquée, Turcs et Janissaires, vous y verrez Glimidi, le brave pallicare.

XXXI

BUTZO-MARCO

Sur le sol calamiteux de la Crète, trois braves se sont montrés fidèles entre eux à l'amitié, tels que des alliés et des frères, comme s'ils étaient issus du même sang ou nourris par le même sein, tant est grand l'amour qu'ils se portent et se témoignent! L'un est Xepapas, l'autre Butzo Marco, le troisième est le capitaine Panagis, qui monte la garde à Castro. Tous les trois forment le dessein de surprendre Grabuse et de n'y laisser aucun Turc. Butzo-Marco escalade le premier le rempart, et tue lui seul sept hommes avec son sabre. « Venez, mes braves enfants, « achever les Turcs. Je ne puis plus avancer, car ma mort « est arrivée. »

Le premier tué fut Butzo-Marco. Mais bientôt à la même place ils devaient tomber tous les trois.

XXXII

MÉLIDONE

Deux aigles qui tournoyaient dans les airs sur le haut d'une montagne découvrent la tête de Mélidone et parlent ainsi entre eux. C'est là que gît, c'est là que dort, la tête sur une pierre, le chef à qui tant de Turcs ont servi de coussin. Il fait de l'azur du ciel sa tente ; il méprise leur or. L'or, pour lui, c'est le fer. Voilà la main qui a mis le feu aux combles du monastère d'Arcadie[1] quand Gentimalas y était, s'enivrant de vin rouge, et qu'il lui prit fantaisie de boire le vin du Pappas. Mélidone met à Réthymne son pied sur la tête du voleur ; et, comme il criait grâce et demandait le baptême, Mélidone le baptise dans son propre sang ; puis il revient la nuit au couvent, fait comme s'il était Turc et termine le reste. Il n'en veut qu'aux hommes ; il épargne les femmes jeunes et vieilles ; et partout où il va les enfants des Grecs chantent en son honneur. On lui chante une douce chanson pour l'endormir, afin qu'il rêve de liberté, et que jamais la cruelle jalousie d'un traître ne l'inquiète ; car il doit tomber un jour dans les mains du traître Russos, et sa vie ne sera point un sacrifice au bonheur de son pays. Il a dit : « La paix soit avec « vous, pardonnez à mon assassin, et que le sang chrétien « ne coule pas pour moi ! » Puis son œil s'est éteint. — Les deux oiseaux planaient sur lui, comme il gisait sur la terre nue. Mais, hélas ! ce n'étaient point deux aigles, c'étaient deux voraces vautours.

[1] *Arcadie*, le plus beau monastère de Crète, à quatorze milles de Rétimo.

XXXIII

LE CAPITAINE THÉODORE

Le capitaine reçoit une lettre où on lui dit qu'il ne faut plus qu'il y ait un seul Turc dans ce monde. Sa mère l'engage à aller combattre vaillamment et à ne laisser passer aucun cheval arnaute [1]. Alors il monte à Sybriti [2], où il dresse sa tente. Puis il descend à Gazi [3], où il trouve les Turcs. Dans sa terrible colère, il en tue une multitude; mais la troupe turque est innombrable, et il commence à se fatiguer. Les Mylopotamites [4] se serrent épais comme un taillis; ils tiennent ferme tout le jour; mais, la nuit, ils s'enfuient. Hélas! pauvre Hadji-Ianis, hélas! Chyssamiotes [5], qui luttez contre les Turcs comme des Lappiotes [6]. — « Hélas! mon pauvre frère, que puis-je t'envoyer? « Déjà, avant cette heure, tu aurais dû venir à mon se- « cours. Hélas! mon pauvre frère, si tu avais su qu'au- « jourd'hui je vais mourir? — Mais tu n'en avais aucune « nouvelle. Adieu, vous, Sphakiens; adieu, vous tous, « pallicares. Dites à mon frère que les Arnautes se multi- « plient contre moi par enchantement. » —

[1] Les *Arnautes*, milice turque étrangère à la Crète.
[2] *Sybriti*, village sur le mont Ida.
[3] *Gazi*, village et rivière près de la ville de Candie.
[4] *Mylopotamites*, Mylopotamos, ville et rivière entre Candie et Réthymne.
[5] *Chyssamiotes*, habitants de Chyssamo.
[6] *Lappiotes*, habitants de Lappa, sur le penchant méridional des Blanches Montagnes (l'Ida).

XXXIV
SKATOVERGA

Celui qui écoute bien d'abord raconte bien à son tour, si sa tête parvient à se bien rappeler toute chose. C'est ainsi que j'ai écouté et fait une georgiade de Georges, le Skatoverga, né dans la plaine. Comme je ne sais pas écrire, pour ne pas l'oublier, j'en ai fait une chanson dont je me souviendrai bien. Il naquit à Mochos [1], de parents rustiques : il ne savait pas écrire; il était manœuvre et pauvre. A peine adolescent, il alla à Kastro, leste et éveillé comme l'étoile du matin; il grandit à l'étranger, devint pallicare, et l'emportait sur tous pour sa force et son audace. Dès qu'un Turc le gênait, il tirait le poignard et ne le remettait au fourreau que d'une main sanglante; il tua des Turcs en grand nombre; il eut une grande renommée, et il jouira d'une mémoire éternelle, même dans le Paradis. Bien des fois il échappa à la mort et brisa le filet; mais une fois, enfin, il fut jeté sur les galères. C'est là qu'il apprit la triste nouvelle qu'Ariple Mochoglou ici, dans la basse Crète, rassemblait les filles pour danser devant lui, et avait enjoint à ses parents de lui envoyer aussi sa sœur. Après la danse, il voulut s'en saisir, la faire coucher dans son lit et la déshonorer; mais elle résiste longtemps, s'enfuit par la porte et se fait de l'herbe des champs une couche d'or. Ariple vient le matin dans la maison du père et le trouve qui tressait un filet; il l'envoie en corvée et violente la fille, qu'il empêche de fuir en la menaçant de ses armes. Celle-ci,

---

[1] *Mochos*, hameau de la plaine qui entoure la ville de Candie.

dans cette extrémité, le jette à terre, prend dans ses mains les armes de sa ceinture et le fait trembler. Aussitôt, pour l'apaiser, il jure par son prophète qu'il cessera de la poursuivre; alors elle le relève et lui rend ses armes. Mais le traître, tel qu'un serpent enragé, la tue. Le père accourt, et, comme il dépasse la porte, il voit sa fille : — Qu'est-ce donc? dit-il. Ariple le tue aussi, en cherche d'autres, et, n'en trouvant pas, il se retire dans la citadelle. C'est là ce que Georges apprit aux galères à Constantinople. A peine fut-il libre, à force de tentatives, que, recueillant les secours de ses compatriotes, il acheta de bonnes armes; et, partant de là, il aborde aux rivages contournés de notre Crète, dans une échelle toute petite qu'on appelle Malia[1]. Il court à l'instant chez lui, découvre la tombe, et retire de la fosse de son père une balle; il en charge son arme, puis il se met à table, et joue nuit et jour de la lyre et du pistolet. Le Mochoglou l'apprend, s'apprête à s'en défaire, et lui mande de venir le trouver. Georges lui répond qu'il le connaît et que, s'il a quelque chose à lui dire, il vienne chez lui. Alors Ariple prend douze autres Turcs et les amène en sa compagnie pour lui prêter main-forte. Ils trouvent Georges buvant joyeusement avec son frère, et lui disent qu'ils sont venus pour boire avec lui; ils se mettent à table. La mère les sert, et ils l'envoient chercher encore du vin à la taverne. Alors Ariple demande à Georges s'il le connaît et lui dit de venir, s'il l'aime, boire chez lui. — Lui convient-il de l'aimer, répond Georges, quand il ne voit dans sa maison ni son père ni sa sœur? — Imbécile, c'est moi qui les ai tués, comme je vais te tuer toi-même. — Eh bien, la récompense que tu mérites, je suis venu te la donner, dit Georges; et il lui envoie cette

---

[1] *Malia*, petite baie à l'orient de la ville de Candie.

même balle qu'il a retirée du corps de son père, et la lui rend, puis il lui en lâche une seconde dans le cœur. La lampe s'éteint dans le tumulte; il s'élance de sa place, frappant de son poignard. Il blesse sept ou huit des assaillants; et son propre frère, blessé au pied, il le tire de la main, le pousse dehors, l'enlève sur son épaule et s'échappe par l'autre porte. Il marcha rapidement pour atteindre les fourrés et la montagne. Ariple et trois autres sont tombés là même où avaient expiré le père et la fille. Georges gagna Éphèse; et, son frère guéri, il voulut revenir encore dans sa maison: Moustapha le Pèlerin le sut, autre Turc intrépide, grand égorgeur célèbre et renommé; un jour il attend Georges sur la route avec un esclave arabe et le serviteur d'un autre Turc. Il le salue deux fois, et, puisqu'il l'a trouvé, il veut l'emmener chez lui pour s'y divertir. Moustapha va devant, Georges derrière; l'Arabe ensuite, et enfin le serviteur. L'Arabe avait l'ordre de tirer sur Georges, et l'autre de le viser aussitôt dans le dos. Celui-ci s'est aperçu du mouvement du pistolet; il met à l'instant la main sur le sien; et, le temps de se retourner, il étend son homme à terre, et décharge son second coup dans le cœur de l'aga; l'autre serviteur s'enfuit. Georges, qui a d'abord été blessé au bras par l'Arabe, revient à Éphèse pour s'y faire soigner. Or c'est là qu'il fut empoisonné et perdit la vie.

J'en ai donc fait ce récit, et je le chante sur la lyre pour ma consolation. Car celui qui sait parler avec grâce et talent procure bien des distractions aux âmes affligées.

C'est Manolis, de Sétia[1], fils du pappas Hiéronyme, et Candiote, qui a composé toute cette histoire.

---

[1] *Sétia*, ville maritime dans la partie orientale de la Crète.

DEUXIÈME PARTIE

CHANTS DE SOULI

ET

DES GUERRES CONTRE ALI-PACHA

I

ÉLOGE DE SOULI

Un petit oiseau s'est placé sur le haut du pont; il fait sa complainte et parle. Il dit à Ali-Pacha :

— Ce n'est point ici Iannina[1] pour y bâtir des jets d'eau. Ce n'est pas ici Prévésa[2] pour y bâtir des citadelles; c'est ici le célèbre Souli, Souli le renommé, où combattent les petits enfants, les femmes et les jeunes filles. Où se bat la femme de Tsavellas[3], le sabre à la main, un fusil dans l'autre; son enfant sur son sein et les cartouches dans son tablier, elle marche en avant.

---

[1] *Iannina*, capitale de l'Épire; résidence d'Ali-Pacha.
[2] *Prévésa*, ville à l'entrée du golfe d'Ambracie, où Ali-Pacha vena de construire le fort Saint-Georges.
[3] *La femme de Tsavellas*, la célèbre Moscho.

II

LAMBROS TSAVELLAS

EN 1792

Une femme de pappas crie d'Avarikos : « Où êtes-vous, « enfants de Lambros, et vous, Botsariens? un gros nuage « approche, infanterie et cavalerie : ils ne sont pas un, ils « ne sont pas deux; ils ne sont ni trois ni cinq; ils sont de « dix-huit à dix-neuf mille. » — Qu'ils viennent, ces mauvais Turcs! ils ne nous peuvent rien. Qu'ils viennent, ils verront la guerre et les mousquets de Souli. Ils feront connaissance avec le sabre de Lambros, la carabine de Botsaris, les armes des femmes de Souli et de la célèbre Chaïs[1]. Au début de la bataille, quand la fusillade s'allume, Tsavellas crie à Zervas et à Botsaris : « Voici l'heure du « sabre, que le fusil s'arrête. » Botsaris lui répond de son poste : « Ce n'est point encore l'heure du sabre, » s'écrie-t-il; « restez sous vos abris; gardez les murs; car « les Turcs sont nombreux; et nous sommes peu de Sou« liotes. » Tsavellas dit alors à ses pallicares : « Quoi donc? « les attendrons-nous encore, ces chiens d'arvanites? » Alors, tous avec le sabre dont ils ont brisé les fourreaux, ils chassent devant eux les Turcs comme des moutons. Véli-Pacha leur crie de ne pas tourner le dos; et ils répondent, les larmes aux yeux : « Ce n'est pas ici Delvino[2], « ce n'est pas ici Vidin[3]. C'est le célèbre Souli, le Souli re« nommé dans l'univers. C'est Lambros et son sabre teint « de sang turc, qui a mis en deuil l'Albanie entière, où les « enfants pleurent leurs pères et les femmes leurs maris. »

[1] *Chaïs*, amazone souliote.
[2] *Delvino*, chef-lieu d'une division militaire turque dans la Chaonie.
[3] *Vidin*, sur la rive droite du Danube.

III

LA MORT DE LAMBROS

EN 1795

Lambros [1] a immolé cinquante beys, cent agas et mille Ottomans. A la fin, son tour est venu ; et ses pallicares se lamentent autour de lui.

Habillez Lambros de ses vêtements les plus riches, parez-le pour la fête de l'éternité ; et posez sa tête sur une gerbe de lauriers verts.

Le fils de Lambros est là ; il lui donne son mousquet, son sabre, dont le fourreau est d'argent, et lui dit : — Te voilà capitaine !

Dresse-moi dans ma tombe ; fais-y une fente à droite, auprès de mon oreille, afin que la voix de mon mousquet dans le combat arrive jusqu'à moi.

Je veux que tous les soirs, quand tu reviendras de la bataille, tu me nommes en passant tout bas ceux que tu auras immolés, jusqu'à ce que tu réjouisses mon oreille avec le nom d'Ali. —

[1] *Lambros*, Tsavellas, époux de l'héroïne Moscho, et père de Photos Tsavellas.

IV

LE SIÉGE DE SOULI

EN 1803

Au milieu de Tséritsana[1], sur la pointe au-dessus de Souli, les bouloukbachis occupent la hauteur de la vieille église, et regardent le combat que livrent les Souliotes et comment les petits enfants et les femmes se battent tels que des hommes. Et Koutsonikas[2] crie de son poste : « Enfants, tenez ferme ; tenez bravement. Voici que vient « Mouktar-Pacha avec douze mille hommes. » Puis il adresse la parole aux Turcs. — « Où vas-tu, Mouktar, « fils d'Ali-Pacha? Où vas-tu, mauvais pirate? Ce n'est « pas ici Cormovo[3], ce n'est pas ici Saint-Basile[4], pour y « capturer des enfants ou des femmes. C'est Souli le re- « doutable, le renommé dans tout l'univers ; où la Tsa- « vellane se bat comme un digne pallicare ; elle porte des « cartouches dans son tablier, le sabre d'une main, et, « avec sa carabine rayée, elle marche en avant de tous. »

---

[1] *Tséritsana*, faubourg de Souli.
[2] *Koutsonikas*, capitaine renommé des Souliotes.
[3] *Cormovo*, bourg de l'ancienne Dryopie.
[4] *Saint-Basile*, bourgade des monts Cérauniens, surprise, comme Cormovo, par Ali-Pacha.

V

KIAPHA ET KAKOSOULI

EN 1803

Trois oiseaux se sont posés sur le penchant de Saint-Élie ; l'un observe Iannina ; l'autre, Kakosouli[1] ; le troisième, le meilleur, fait sa complainte, et dit : « L'arvanite « s'est assemblé et va contre Kakosouli. Trois bannières « se sont mises en mouvement, toutes les trois de file ; « l'une est celle de Mouktar-Pacha, l'autre de Mitsopono, « la troisième, la meilleure, est celle du Séliktar. La femme « d'un pappas les découvre du haut d'une colline. — Où « êtes-vous, fils de Botsaris, fils de Koutsonikas ? L'ar- « vanite nous attaque et veut nous faire esclaves, et nous « traîner à Tébélen[2] pour y changer de foi. » Koutsonikas crie d'Avarikos[3] : « Ne le crains pas, femme de pappas, « ne le mets pas dans ton esprit. Tu vas voir une ba- « taille et les carabines klephtes, et comment combat- « tent les Klephtes, ainsi que les Kakosouliotes eux- « mêmes. » A peine l'entretien fini et les mots achevés, il fallait voir les Turcs s'enfuir, cavalerie et infanterie. Les uns fuyaient, et les autres disaient : « Maudit sois-tu, « pacha ! Tu nous as porté de grands dommages cet été, « en sacrifiant tant de Turcs, de spahis et d'arvanites. » Et Botsaris, le sabre à la main, s'écrie : « Viens donc, pacha ; « pourquoi te fâcher et fuir en poste ? Reviens ici, chez « nous, dans la pauvre Kiapha[4], pour y dresser ton trône « et t'y faire sultan. »

[1] *Kakosouli*, l'un des quatre villages compris dans Souli.
[2] *Tébélen*, ville d'Épire ; pays natal d'Ali-Pacha.
[3] *Avarikos*, chef-lieu de la troisième tribu des Souliotes.
[4] *Kiapha*, chef-lieu de la seconde tribu.

VI

PHOTOS ET DRAKOS

EN 1803

Un nuage noir voile Souli et Kiapha. Il a plu tout le jour. Toute la nuit, il neige. De Systranis[1], s'avance un soldat agile. Il porte d'amères et de tristes nouvelles de Iannina.

« Les compagnons sont la ruine des bons pallicares.
« Apprenez-le, enfants de Photos, pallicares de Drakos.
« L'infidèle Delvino[2] a trahi nos frères, et les a livrés à
« Ali-Pacha, tous les six l'un après l'autre. Il en a égorgé
« quatre, et à deux il fait grâce de la vie. Au fils de Dimos
« Drakos[3] et au frère de Photos[4]. »

A cette nouvelle, ceux-ci ressentent un violent chagrin :
« Seigneur, » disent-ils au chef de leurs prêtres, « dites
« l'office funèbre pour nos six pallicares ensemble. Les
« deux comme les quatre nous les comptons pour morts.
« Un tyran ne peut faire grâce de la vie à des Souliotes,
« et un Souliote dans ses mains n'existe plus pour nous. »

---

[1] *Systranis*, l'ancienne Selléis.
[2] *Delvino*, ville de la Chaonie, district turc.
[3] *Drakos*, Dimos, vaillant Souliote, originaire d'une antique famille dorienne.
[4] *Photos*, Tsavellas, fils de Lambros Tsavellas et de Moscho.

VII

PHOTOS ET VÉLI-PACHA

EN 1803

Ne vous rendez pas, enfants, ne devenez pas rayas [1] tant que Photos est vivant; il ne reconnaît point de pacha. Son pacha, c'est son sabre; son vizir, c'est son mousquet. On l'a exilé au pays des Francs et dans les autres royaumes. Anathème à toi, Botsaris [2], à toi, Koutsonikas, pour le bel ouvrage que vous avez fait cet été, quand vous avez amené Véli-Pacha au sein de Kakosouli.

VIII

PRISE DE SOULI

EN 1803

Un oiseau s'est échappé du milieu de Souli. Les Parganiotes l'ont interrogé. Les Parganiotes l'interrogent. — Oiseau, d'où viens-tu? Où vas-tu, cher oiseau? — Je viens de Souli. Je vais chez les Francs. — Oiseau, n'as-tu point à nous dire quelque bonne nouvelle? — Quelles nouvelles puis-je vous dire, que puis-je vous raconter? Ils ont pris Souli, ils l'ont pris et même Avarikos. Ils ont pris Kiapha la terrible, et le monastère aussi; et ils ont brûlé le caloyer et quatre autres.

---

[1] *Rayas*, sujets des Turcs.
[2] *Georges Botsaris*, cousin de Kitso, et Koutsonikas s'étaient rendus à Ali-Pacha.

IX

DESPO

EN 1795

Un grand bruit s'entend. De nombreux coups de fusil tombent. Est-ce pour une noce que l'on tire ou pour une fête? On ne tire ni pour une noce ni pour une fête. C'est Despo avec ses brus et ses filles qui combat. Les arvanites l'ont surprise dans la tour de Dimoula[1]. « Georgène[2], « jette tes armes. Nous ne sommes pas à Souli. Ici tu es « l'esclave du pacha; l'esclave des arvanites. — Si Souli « s'est rendu, si Kiapha s'est faite turque, Despo n'a pas « fait des arvanites ses maîtres et ne les fera jamais. » Elle prend en main une torche, appelle ses filles et ses brus. — « Ne vivons pas esclaves des Turcs. Enfants, « venez avec moi. » — Elle allume les cartouches, et tout est en feu.

[1] *Dimoula*, tour au centre de la ville de Réniassa.
[2] *Georgène*, Despo était femme d'un Souliote, nommé Georges Botsis.

X

LA PRISE DE BÉRAT [1]

EN 1810

Un oiseau noir s'est posé sur la forteresse de Bérat. Il parle comme un homme, et dit sa triste complainte : — Debout, pacha, fuyons; rendons-nous à Avlone [2]. Ali-Pacha nous arrive avec dix-huit mille soldats, et il amène Omer-Bey en qualité de trésorier, pour te livrer vivant aux mains du vizir. De nombreux capitaines chrétiens viennent avec lui. Iskos de Dounitza [3], le fils de George Griva [4], Tsonkos de Xeroméron, George Varnakiotis [5], les enfants de Boukovallas, les Skyllodimos, Diakos, Panourgias [6] et les deux Kontoghiannis [7].

Dès que la guerre s'est allumée et que le feu a commencé, les balles tombent comme la pluie, et les boulets comme la grêle. Les klephtes tirent leur sabre, et sautent dans la forteresse. Alors une voix se fait entendre du milieu de la tour : « Mes enfants, pourquoi vous égorger ? « Arrêtez, pallicares. Pourquoi tant de sang versé ? Mé-« nagez votre courage; arrêtez, nous allons vous porter « les clefs de la citadelle. »

---

[1] *Bérat*, capitale de la moyenne Albanie.
[2] *Avlone*, ville et port de l'ancienne Taulantie.
[3] *Iskos Andrea*, capitaine du district de Cravari, sous le Pinde.
[4] *Théodore Griva*, qui prit une si grande part à la bataille de Tricorpha contre Ibrahim et l'armée égyptienne.
[5] *George Varnakiotis*, capitaine de l'Acarnanie.
[6] *Panourgias*, capitaine de la Livadie.
[7] *Les deux Kontoghiannis*, Mitzo Kontoghiannis et son frère, capitaines du mont Kissavo, l'ancien Parnasse.

XI

LA SOUMISSION DE GARDIKI[1]

EN 1812

Ne chantez plus, coucous. Oiseaux, demeurez muets; et vous, malheureux arvanites, désolez-vous tous ensemble. Castro[2] s'est soumis et même Khoumelitza[3]. Gardiki ne s'est pas soumis, ne veut pas se soumettre, ne cherche que la guerre, et veut combattre.

Ali-Pacha l'apprend, s'en chagrine violemment; il se met à écrire un bouyourdi[4] de sa main droite : « A toi, « Isouf le Kéhaya, à toi, l'Arabe Isouf, sitôt reçue ma « lettre, sitôt vu mon bouyourdi, il me faut Démir[5] vi- « vant, ses enfants et lui; je veux Moustapha-Pacha[6] et « toute sa race. »

— Avec plaisir, mon maître, c'est moi qui vais vous les amener. —

---

[1] *Gardiki*, petite ville de l'Albanie, à la limite de l'Épire.
[2] *Castro*, } villages voisins de Gardiki.
[3] *Khoumelitza*,
[4] *Bouyourdi*, c'est ici un décret des pachas.
[5] *Démir-Dost*, } chefs turcs de Gardiki.
[6] *Moustapha-Pacha*,

XII

LA MORT DE KITSOS-BOTSARIS

EN 1813

Sur le pont de l'Arta se sont posés trois oiseaux. L'un observe vers Iannina, l'autre vers Souli; le troisième, le meilleur, fait sa complainte, et dit : —Botsaris[1] s'est mis en route pour aller à Iannina, et faire signer son Bouyourdi[2] à Vourgarel[3], où il veut retirer l'argent qu'il a prêté. Il traverse l'Arta pour y loger. On le loge aussitôt chez Rizo le savetier. C'est là qu'on lui dresse la table pour manger le pain. On lui tire trois coups de fusil, tous les trois l'un après l'autre. Le premier le prend dans le côté, le second au milieu du sein, le troisième, l'empoisonné, le prend à la tête : sa bouche se remplit de sang. Il murmure et dit: « Restez tranquilles, mes pallicares, et toi, mon filleul. « Ceci n'est pas pour vous. Coupez-moi la tête, pour em- « pêcher les Turcs de la porter au vizir ; sa vue ferait la « joie de mes ennemis, et de mes amis, le chagrin. —

[1] *Botsaris*, c'est Kitsos-Botsaris, assassiné par Ali-Pacha en 1813, et père de Marcos.
[2] *Bouyourdi* signifie, ici, permis de voyage.
[3] *Vourgarelli*, village à six lieues de l'Arta.

XIII
LE DERNIER CHANT DE PARGA
EN 1814

Collines, fraîches vallées, douces prairies, beaux arbres si touffus, campagnes renommées. C'est avec des larmes que je vous salue et vous quitte pour toujours.

O Parga, contrée célèbre, voisine des Turcs, Parga, ma belle et si chère patrie, les Anglais te vendent au plus barbare tyran! « Loin d'ici, » s'est écrié, dans sa rage mortelle, l'impie Aman; « loin d'ici, habitants de la vieille « Épire, restes de chrétiens, infidèles Parganiotes! li-« vrez-moi vos vaisseaux et tous vos biens : que les croix « tombent partout où elles régnaient, et que le Coran « sacré l'emporte! Et vous, Grecs impuissants, errez par-« tout et n'ayez jamais ni vaisseaux ni monarque! » Ainsi s'écriait le vieil et barbare tyran qui insulte les chrétiens et leurs saintes lois. Ah! que mes chants grondent à ses oreilles comme la foudre du ciel qui consume les tyrans endormis dans leurs crimes!

MALÉDICTION.

Foudres du ciel et de la justice, brûlez Ali-Pacha et les méchants Anglais! que les tyrans sachent enfin comment Dieu châtie! A toi, soleil éclatant, qui vois nos maux, qui brilles quand nous arrachons du sein de leurs tombes les restes sacrés de nos aïeux, éteins aussitôt ta lumière; montre que tu nous regrettes; et vous, enfants du ciel, lune et étoiles qui éclairez pendant toute la nuit au levant et au couchant, couvrez maintenant de voiles vos visages, de voiles obscurcis par une grande douleur. Pleurez les Parganiotes aux tristes destinées; oui, vous et le monde entier, pleurez-les longtemps.

XIV

YORGO-THOMOS[1]

Un petit oiseau, sorti du milieu du vallon, chemine nuit et jour, et nuit et jour il dit : « Mon Dieu ! où trou-« verai-je, parmi les klephtes, Yorgo le Spartiate ? J'ai à « lui dire, en deux mots, qu'on veut le tuer. — Comment « sais-tu, cher oiseau, qu'on veut me tuer ? — J'étais hier « à Iannina, à la porte du vizir ; Jean Garagounis y a fait « de nombreuses plaintes : — Un crime, monseigneur, un « crime commis par Yorgo-Thomos ; il a égorgé tes mou-« tons, et nous a faits prisonniers. — Prends patience, « mon Iannis, cinq, six ou dix jours ; je l'amènerai vivant, « et j'aurai sa tête. — Il appelle Isouf l'Arabe, et lui parle « en secret : — Ta tête, ou Yorgo-Thomos vivant. »

L'Arabe Isouf part avec treize mille hommes ; il commence la guerre, et, trois jours et trois nuits, les coups de feu tombent comme la pluie, les balles comme la grêle. Ils ont blessé Yorgo-Thomos à la main droite ; et, du milieu des Turcs, il crie : « Où êtes-vous, mes palli-« cares, peu nombreux, mais braves ? Jetez vos fusils, « tirez vos sabres, faites une trouée et coupez-moi la « tête, afin que les Turcs et ce chien d'Isouf l'aga ne « l'aient pas. »

[1] *Yorgo-Thomos*, célèbre capitaine de klephtes dans l'Acarnanie.

XV
STERGHIOS

Cet été, comme ce printemps, on nous écrit sur du papier blanc ces lettres noires : « Klephtes, tous tant que « vous êtes dans les hautes montagnes, descendez de l'O- « lympe pour vous soumettre en foule à Ali-Pacha. » Deux pallicares seuls résistent : ils prennent leurs mousquets, leurs sabres brillants, retournent dans la montagne, et courent chez les klephtes. Ils y rencontrent Sterghios. Qu'importe que les défilés soient aux Turcs et que les arvanites les aient pris ? Sterghios est en vie, et ne craint pas les pachas. Tant qu'il neigera sur les montagnes, nous ne reconnaîtrons pas les Turcs. Allons prendre nos postes dans les retraites des loups. Les esclaves habitent les villes et les plaines avec les Turcs ; les Pallicares ont pour villes les solitudes et les ravins. Il vaut mieux vivre avec les bêtes sauvages qu'avec les Turcs.

XVI
LA FEMME DE LIAKOS DÉLIVRÉE

Quel malheur arrive donc à la femme de Liakos ? Cinq arvanites la saisissent et dix l'interrogent : « Liakaine, « pourquoi ne pas te marier et prendre un Turc pour « époux ? — Puissé-je voir mon sang rougir la terre plutôt « que de voir un Turc baiser mes yeux. » — Liakos la voit du haut d'un ravin ; il a près de lui son cheval noir, il lui parle à l'oreille : « Peux-tu, mon Noir, peux-tu délivrer ta « maîtresse ? — Je puis, mon maître, je puis délivrer ma « maîtresse. Augmente ma ration, j'irai loin, bien loin. » — Il part, sauve sa maîtresse, et la rapporte à Liakos.

XVII

LIAKOS

« Reconnais le pacha, Liakos, reconnais le vizir; tu se-
« ras premier armatole, tu seras dervenaga[1]. »
Et Liakos répond aussitôt et envoie ainsi de ses nouvelles. « Tant que Liakos est vivant il ne reconnaît point
« de pacha. Son pacha, c'est son sabre; son vizir est son
« mousquet. »
Ali-Pacha l'apprend, s'en offense vivement; il écrit,
expédie des messages, et envoie cet ordre: « A toi, mon
« cher Véli-Guékas, à mes villes, à mes territoires. Je
« veux Liakos mort ou vivant. »
Guékas fait sortir sa milice et chasse les klephtes; il
va les surprendre dans la forêt et dans leurs quartiers.
La fusillade tonne, et commence la guerre. Kondoghiakoupis[2] crie de son poste: « Courage, mes enfants, com-
« battez. » Liakos[3] se précipite en avant, le sabre aux
dents.

Ils luttent, le jour, la nuit, trois nuits, trois jours. Les
femmes des arvanites pleurent et prennent le deuil.
Véli-Guékas[4] s'en est retourné couvert de sang et Moustapha blessé au genou et à la main.

---

[1] *Dervenaga*, chef du défilé.
[2] *Kondoghiakoupis*, le petit Jacques, protopallicare de Liakos.
[3] *Liakos*, chef d'une bande de klephtes dans l'Étolie.
[4] *Véli-Guékas*, le fameux lieutenant d'Ali-Pacha.

XVIII

LA MORT DE LIAKOS

Liakos, l'Agrapha [1], ses fontaines et ses arbres te pleurent. Ton malheureux fils adoptif et tes pallicares te pleurent aussi; ne te l'avais-je pas dit, une, trois et cinq fois? Reconnais le pacha, Liakos, reconnais le vizir. —Tant que Liakos vit, il ne reconnaît pas de pacha. Il a pour pacha son sabre, pour vizir son mousquet. On lui dresse une rude embuscade à côté du poste. Liakos a soif, il marche le sabre à la main, et se baisse pour boire l'eau fraîche. Trois coups lui sont tirés l'un après l'autre. L'un l'atteint dans le dos, l'autre dans le ventre, le troisième, le plus envenimé, dans la poitrine. Sa bouche se remplit de sang, ses lèvres de poison; et sa langue plaintive résonne et dit : « Où êtes-vous, mes pallicares? où es-tu, mon fils « adoptif? Prenez mes pièces d'or, prenez mes plaques « d'argent, prenez aussi mon sabre le renommé; coupez- « moi la tête, pour que les Turcs ne la coupent pas et ne « la portent pas au pacha sur l'estrade de son divan. Mes « ennemis la verraient avec joie, mes amis avec douleur, « et ma mère aussi la voyant en mourrait de chagrin. »

[1] *Agrapha*, canton des montagnes de l'Étolie.

XIX

NIKOTSARAS

« Passe le sentier, Nikos, passe. Tu ne le repasseras
« pas, Nikos; car tu ne dois pas revenir. »

— Comment le sais-tu, mon petit oiseau, pour me le
dire ? —

« C'est que, hier et avant-hier, j'ai traversé Vlachochori [1],
« et j'ai appris le complot des primats de Livadie. — Frap-
« pons Nikos, le fils Tsaras, qui est la fleur de nos monta-
« gnes, le cyprès de nos champs, et la tour inébranlable
« au sein de la mer. » —

Nikos s'indigne à cette nouvelle; il appelle son fils adoptif, et dit à ses pallicares :

— Mes enfants, ceignez vos sabres et prenez vos fusils;
allons brûler la méchante Livadie. —

Ils marchèrent, et vinrent à Livadie tout droit. Là, ils
mettent le feu à la ville; enchainent les kodjabachis [2], les
conduisent dans les montagnes et les traitent durement.

« Qui voulez-vous donc tuer, primats de Livadie? se-
« rait-ce Nikos, le fils de Tsaras [3], qui est semblable à la
« rose, et dont le nom retentit dans l'univers? »

---

[1] *Vlachochori*, village sur le Pinde, colonie de Valaques.
[2] *Kodjabachis*, chefs civils des Turcs.
[3] *Nikotsaras*, l'un des plus vaillants capitaines des armatoles du mont Olympe; klephte sur terre et pirate sur mer.

XX

NIKOTSARAS SUR TERRE

Nikotsaras est en guerre avec trois districts : Zikhna [1], Khantaka [2] et Pravi le redoutable [3]. Il combat trois jours, trois jours et trois nuits; ils mangent la neige, boivent la neige et soutiennent le feu. Le quatrième jour, Nikos s'adresse à ses pallicares. — « Écoutez, mes pallicares, peu « nombreux, mais braves. Mettez-vous du fer dans le cœur, « de l'airain dans la poitrine. Demain nous les forcerons « et nous prendrons Pravi. » — De bonne heure, en effet, ils se mettent en route et arrivent au pont. Nikos, avec son damas, en coupe la chaîne. Les Turcs fuient comme des chevreaux et abandonnent Pravi.

XXI

NIKOTSARAS SUR MER

« Cher Nikos, pourquoi ne t'a-t-on pas vu cet été mar-« cher en armatole ou en klephte? As-tu donc abandonné « Vlachocotori [4], ta patrie et ton pain? » — L'an dernier, j'étais en Bulgarie, où j'enrôlais des pallicares; je les ai enrôlés et réunis. J'en ai fait cinq cents, et, cette année, je suis allé en mer pour me distraire. —

---

[1] *Zikhna,*
[2] *Khantaka,* } districts turcs de la Macédoine.
[3] *Pravi,* forteresse et pont sur le Strymon.
[4] *Vlachocotori,* village valaque en Macédoine.

XXII

GIPHTAKI

Qu'est donc devenue la mère de Giphtaki? Elle a perdu deux de ses enfants et en troisième son frère. Maintenant elle est folle, errante; elle gémit, on ne la voit plus ni dans nos plaines ni dans nos montagnes. On nous a dit qu'elle a passé en allant vers la Vlachochorie [1]. Là grondaient les mousquets et leur effrayant tonnerre; mais ils ne grondaient ni pour des noces ni pour des fêtes. Ils ont blessé Giphtis [2] au genou et à la main. Il est déraciné comme un arbre, il tombe comme un cyprès; et d'une voix haute il cria, comme un pallicare qu'il était : — « Où es-tu, mon « bon frère, mon frère chéri? reviens, prends-moi, prends « ma tête, de peur que la milice ne la prenne et que « Joussouf l'Arabe ne me porte à Iannina, à Ali-Pacha, « le chien. »

Les plaines ont soif d'eau, les montagnes de neige; les éperviers d'oiseaux, et les Turcs de têtes.

[1] La *Vlacho-Chorie*, villages, colonies de Valaques.
[2] *Giphtis* avait reçu le surnom de *Giphtaki*, petit Égyptien, parce qu'il était brun comme les Tsiganes, originaires d'Égypte, que nous nommions bohémiens. C'est presque le même mot en anglais, *Gipsy*.

XXIII

GEORGAKI

L'un après l'autre tirent les klephtes; car ils sont faciles à compter. Ils sont en petit nombre, les malheureux ! Dix-sept, dix-huit, vingt peut-être.

Georges n'est pas là; il est allé au monastère. Il y a baptisé un enfant et veut avoir un compère, afin de trouver aussi un asile et un ami. Les pallicares lui crient d'un côté comme de l'autre : « Laisse l'enfant, Georgaki[1], et « prends le mousquet; la milice nous attaque à pied et « cheval.

— « Tenez bon, » leur crie Georges le sabre à la main. « Tenez ferme à vos portes. Gardez bien vos abris; et, si « Dieu et la sainte Vierge veulent que nous fassions une « trouée, ayez bien soin de prendre Mitzopono[2] vivant. »

---

[1] *Georgaki.* Ce n'est pas le même klephte que Georgaki l'Olympiote que nous allons voir plus loin périr en Valachie.

[2] *Mitzopono,* l'un des lieutenants d'Ali-Pacha.

XXIV

LA MORT DE VÉLI-GUÉKAS

Au mois de mai, du 15 au 20, Véli-Guékas s'est mis en marche contre Katzantonis [1]. En allant, il logea dans la maison d'un pappas. « Pappas, du pain ; pappas, du vin ; à « boire pour mes soldats. » Et, comme il mange, boit et fait la conversation, il lui vient de terribles nouvelles de Katzantonis. Il se lève sur ses genoux. — « Secrétaire, » s'écrie-t-il, « réunis mes soldats et toute ma troupe. Je vais « devant à la petite fontaine froide. » — Sur la route qu'il suit, vers la moitié du chemin, les klephtes l'attendaient et lui disent en douceur : — Où vas-tu, Véli Bouloukbachi, lieutenant du vizir ? — « Contre toi, animal d'Antonis, « contre toi, Katzantonis. » Alors Katzantonis lui crie de son poste : — Ce n'est pas ici Iannina ; il n'y a point de rayas ici à faire rôtir comme des chevreaux ou comme de gras moutons. Ici est la guerre des braves, et le mousquet klephte. Ils grondent au loin, frappent amèrement et blessent à mort. » Alors tout en colère, il crie à Tsongas et à Dimos [2] : « Abattez-moi ce vieil arvanite et portez-moi sa tête. » Trois coups partent, trois coups l'un sur l'autre. Le premier l'effleure, le second le frappe à la tête, le troisième, le plus envenimé, l'atteint au cœur. Le sang remplit sa bouche et le poison ses lèvres.

[1] *Katzantonis*, l'un des plus célèbres capitaines de klephtes, originaire de l'Agrapha.
[2] *Tsongas* et *Dimos*, protopallicares de Katzantonis.

XXV
DIPLAS

Les amis de Diplas [1] lui disent et le supplient : — « Lève-
« toi, et pars, cher Diplas; emmène Katzantonis. Ali-Pacha
« vous a découverts, et il envoie Moukhourdar [2]. » — Et
les postes crient tant qu'ils peuvent. « Moukhourdar ar-
« rive avec quatre mille hommes. Il amène les arvanites
« du pacha et de nombreux tchokadars [3]. Ils ont le sabre
« aux dents et le mousquet à la main. » — Diplas est
vivant et ne quitte pas le combat. Il a des soldats choisis,
tous ceux de Katzantonis; ils mangent la poudre comme
du pain, les balles comme la viande, tuent les Turcs
comme des boucs et les agas comme des chevreaux.

XXVI
EUTHYME, LE PAPPAS KLEPHTE

Un pacha marche sur Eurypolis [4], il rassemble ses armatoles et poursuit les klephtes. Il cherche un pappas, un
lettré. — « Où es-tu, mon pappas, klephte à la fois et savant?
« Viens te soumettre avec tes frères, tes parents et tes
« cousins. » — Hélas ! les sentiers solitaires où le pappas
se promenait le pleurent; et les fontaines et leur eau
fraîche le pleurent aussi.

---

[1] *Diplas*, capitaine de klephtes dans l'Acarnanie.
[2] *Moukhourdar*, lieutenant d'Ali-Pacha.
[3] *Tchokadars*, gardes du corps du pacha.
[4] *Eurypolis*, bourgade entre l'Agrapha et la Thessalie.

XXVII

SKYLLODIMOS

Skyllodimos [1] mangeait à l'ombre des sapins. Il avait à côté de lui Irène pour lui verser à boire. — « Verse, belle « Irène, verse jusqu'à ce qu'il fasse jour, jusqu'à ce que « l'étoile du matin se lève et que les Pléiades s'en aillent. « Alors je te renverrai chez toi avec dix pallicares. » — Dimos, je ne suis pas ton esclave, pour te verser le vin. Je suis fille d'archonte et bru des magistrats. — Aussitôt, vers l'aube, passent deux voyageurs; ils ont la barbe longue et le visage noir. Ils s'arrêtent tous deux près de Dimos et le saluent.—Bonjour, cher Dimos.—Bonjour aux passants. Mais, voyageurs, comment savez-vous que je suis Skyllodimos? — Nous te portons les salutations de ton frère. — Voyageurs, où donc avez-vous vu mon frère? — Nous l'avons vu renfermé dans la prison d'Iannina; il avait des chaînes aux mains et des fers aux pieds. — Skyllodimos pleure et veut partir. — « Où vas-tu, mon frère Dimos? « où vas-tu, capitaine? Ton frère est ici; viens, qu'il t'em-« brasse. » — Dimos le reconnaît, le prend dans ses bras; tous deux se baisent tendrement sur les yeux et sur les lèvres. Alors Dimos l'interroge et lui dit : — « Assieds-toi, « mon frère chéri, allons! Dis-moi, comment tu t'es échappé « des mains des arvanites. » — La nuit, j'ai détaché mes mains, j'ai dégagé mes entraves, j'ai brisé la grille, j'ai sauté dans le marais; j'y ai trouvé une barque et j'ai traversé le lac. C'est avant-hier que j'ai quitté Iannina pour gagner les montagnes.

[1] *Skyllodimos* (Spyros), klephte, échappé des mains d'Ali-Pacha, et devenu protopallicare d'Odyssée.

XXVIII

ALI-PACHA

EN 1822

Sultan Mahmoud a déclaré la guerre à Ali-Pacha. Il convoque ses lieutenants, ordonne leurs apprêts, et leur commande sévèrement de l'assiéger, et, s'ils ne réussissent pas, de ne point revenir. A cette nouvelle, Ali-Pacha s'afflige profondément, il prend sa tête dans ses mains, et réfléchit immobile. « Mouctar-Pacha, Véli-Pacha, » dit-il ; il les fait venir et leur parle en secret au milieu du palais du gouvernement. « Mes enfants, pensez-y bien, et tirez-
« en une leçon : l'empereur s'est courroucé, et je suis en
« disgrâce. — O notre père! ne vous en inquiétez pas ;
« calmez-vous, et considérez que nous avons assez de ri-
« chesses pour garantir votre sécurité.—Ah! je ne me fie ni
« à vos fortunes, ni à l'armée; tout mon espoir est du côté
« des Grecs : ils sont courageux, entreprenants, robustes et
« fidèles, et principalement ceux qui se trouvent dans mon
« domaine, ils m'ont toujours fait la guerre avec héroïsme;
« ils se battent encore maintenant dans l'Agrapha, dans
« le Valtos, et j'en ai à peine soumis un tiers : il faut donc
« leur donner une large amnistie et la liberté, comme l'ont
« fait les Français chez eux. Celui qui se flatterait de les
« subjuguer serait dans une grande erreur. Voyez l'exem-
« ple de ces Souliotes, et non pas seulement des hommes,
« mais des femmes. Quoique je leur eusse promis des
« armes et de l'or, ils ont préféré la mort à la servitude. »

TROISIÈME PARTIE

CHANTS HÉROÏQUES

DE

LA GUERRE DE L'INDÉPENDANCE

I

L'HYMNE DE RIGAS

Jusques à quand, pallicares, vivrons-nous dans les détroits, isolés comme des lions dans les ravins et les montagnes? habitant les grottes, regardant les arbres, fuyant le monde dans notre amer esclavage, privés de nos frères, de notre patrie, de nos pères, de nos amis, de nos enfants et de tous nos proches?

Mieux vaut une heure de vie libre que quarante ans de servitude et de captivité. Que te sert de vivre si tu es esclave? Compte que chaque heure te soumet au martyre. Sois vizir, drogman ou prince, le tyran ne te fait pas moins périr d'une mort injuste. Tous les jours tu exécutes ses ordres; et lui, il ne cherche qu'à boire ton sang. Soutzo, Mourousi, Pétraki, Skanavi, Ghikas, Mavroghiéni, sont les miroirs où tu te vois; des chefs courageux, des prêtres, des laïques, des agas même, sont égorgés par un glaive inique; et mille autres, Turcs ou Grecs, perdent, sans motif, leur fortune et leur vie.

Venez, en ce moment, d'une ardeur unanime, prêter serment sur la croix; formons un conseil d'hommes éclairés par le patriotisme qui, en tout point, donne des ordres : que la loi soit le premier et l'unique guide! que la patrie ait un seul chef! car l'anarchie ressemble à l'esclavage; et les hommes, comme des animaux féroces, s'y dévorent entre eux.

Levons donc les bras vers le ciel, et disons à Dieu du fond du cœur : O Roi de l'univers! c'est par toi que je le jure; je ne me soumettrai jamais à l'arbitre des tyrans. Jamais je ne les servirai, ni ne m'en laisserai séduire. Jamais je ne marcherai dans leur voie; et, tant que je vivrai dans ce monde, mon but unique et imperturbable sera de les exterminer. Fidèle à ma patrie, je briserai son joug, et ne me séparerai jamais de mon capitaine. Si j'enfreins mon serment, que le ciel gronde, me consume, et que je ne sois plus que fumée!

Au levant, au couchant, au midi, au nord, n'ayons tous qu'un cœur pour la patrie. Bulgares, Albanais, Serbes et Grecs, des îles ou du continent, ceignons le sabre d'un élan commun pour l'indépendance. Qu'on apprenne partout que nous sommes braves! que ceux qui savent l'art du combat accourent tous ici pour vaincre les tyrans! car c'est ici que la Grèce, les bras ouverts, les appelle; elle leur donne le séjour, la vie, les dignités, les honneurs. Allez-vous rester officiers chez des rois étrangers? Non! devenez l'appui de votre propre race. Ne vaut-il pas mieux mourir pour la patrie que de suspendre, pour d'autres, à son épée, des glands d'or?

Souliotes, Maïnotes, lions renommés, jusques à quand dormirez-vous en paix dans vos grottes? Lionceaux de Mavrovouni[1], grands aigles du mont Olympe, éperviers d'Agrapha, ne soyez qu'une âme; frères chrétiens de la Save et du Danube, paraissez, les armes à la main: que votre sang bouillonne d'une légitime colère! grands et petits, jurez la perte des tyrans. Braves Macédoniens, élancez-vous comme des bêtes fauves, et épuisez d'un seul coup le sang des tyrans. Dauphins de la mer, dragons des îles, fondez comme l'éclair, et frappez l'ennemi. Oiseaux marins d'Hydra et d'Ipsara, il est temps d'écouter la voix de la patrie; autant que vous êtes sur la flotte de dignes enfants, la loi vous ordonne de lancer le feu. D'un seul cœur, d'un seule pensée, d'une seule âme, frappez; que la racine du tyran périsse! Allumons une seule flamme dans la Turquie entière; qu'elle coure de la Bosnie jusqu'en Arabie. Élevez la croix sur vos étendards; frappez l'ennemi comme la foudre. Ne vous informez pas s'il est fort. Le cœur lui bat, et il tremble comme un lièvre. Trois cents brigands lui ont montré que ses canons ne peuvent rien contre eux. Que tardez-vous? êtes-vous morts? Réveillez-vous! plus de partis, plus de haine. Comme nos ancêtres s'élancèrent tels que des animaux féroces, et marchèrent dans les flammes pour la liberté, de même, frères, courons ensemble aux armes pour échapper à un rude esclavage. Égorgeons les loups qui maintiennent le joug, et osent l'appesantir sur les Hellènes! Que la croix brille sur le continent et sur les mers! que la justice se montre! que l'ennemi disparaisse! enfin, que le monde échappe à ce cruel fléau; et désormais, frères, vivons sur la terre en liberté!

[1] *Mavrovouni*, montagne noire, capitainerie d'armatoles, en Thessalie.

II

DITHYRAMBE DE RIGAS

LA GRÈCE A SES ENFANTS

O mes pauvres orphelins, dispersés çà et là, chassés, insultés, comme toute votre nation, chez les races étrangères; réveillez-vous, enfants, voici l'heure; réveillez-vous, accourez. Le repas mystique est arrivé.

Vous qui courez tristement en tous lieux pour y mendier votre vie, et qui recevez la livrée de divers maîtres,

Réveillez-vous, enfants, voici l'heure, etc.

Nuit et jour, comme la sphère, vous tournez autour du monde; vous cherchez, et vous efforcez de découvrir une source de gloire.

Réveillez-vous, etc.

Et vous désirez vous montrer fidèles à la patrie. Chacun de vous part jeune pour l'étranger et y demeure.

Réveillez-vous, etc.

Il demeure ou revient pauvre et malheureux; et moi, je finis par rester seule et abandonnée.

Réveillez-vous, etc.

Rassemblez-vous, considérez et pleurez mes plaies. Hélas! le sang coule à flots de mes veines.

Réveillez-vous, etc.

Ma robe, ma belle robe, tombe en lambeaux. Je la porte déchirée, serrée par des chaînes.

Réveillez-vous, etc.

Je succombe et je n'invoque plus qu'une mort douloureuse si vous m'abandonnez et si vous négligez l'heure du salut.

Réveillez-vous, enfants, voici l'heure, etc.

I

CHANT PATRIOTIQUE DE RIGAS

Allons, fils des Hellènes, le jour de gloire est arrivé, soyons dignes de ceux qui nous ont fait naître. Brisons vaillamment le joug des tyrans ; vengeons les honteuses injures de la patrie. — Prenons les armes. Montrons-nous les vrais enfants des Grecs, et que le sang de l'ennemi coule par torrents sous nos pieds ! —

Vous tous qui fûtes les valeureux cadavres des Hellènes, âmes éparses, revenez aujourd'hui à la vie. Rassemblez-vous tous à la voix de ma trompette. Marchez vers les sept collines, et, une fois pour toutes, soyez vainqueurs !

Prenons les armes, etc.

Sparte, Sparte, pourquoi dors-tu d'un profond et léthargique sommeil ? Réveille-toi ; appelle Athènes, ton éternelle et antique compagne. Souvenez-vous de Léonidas, le héros immortel, le redouté, le terrible, le glorieux guerrier !

Prenons les armes, etc.

C'est lui qui sonne la charge aux Thermopyles, extermine les Perses, les enfonce avec trois cents guerriers, pénètre dans leur centre, et, comme un lion irrité, se baigne dans leur sang.

Prenons les armes, montrons-nous les vrais enfants des Grecs, et que le sang de l'ennemi coule par torrent sous nos pieds !

IV

RIGAS AUX HELLÈNES

I

Qu'attendez-vous, amis et frères? Pourquoi rester immobiles des lèvres et du sabre? Voici notre temps venu, le jour de la gloire a brillé. Courez donc; jetez le cri d'alarme et exterminez.

II

Ne souffrez plus qu'on vous nomme esclaves, et ne le soyez pas. Pensez à la liberté. Combattez avec courage, brandissez vos armes et anéantissez les ennemis de la patrie.

III

Léonidas, Thémistocle, Épaminondas et le grand Périclès furent nos ancêtres; et ils étaient issus de Jupiter. Unissez-vous donc, et tirez vos sabres pour la patrie.

IV

Que la gloire, la vaillance, la science, la sagesse et la magnanimité des hommes illustres dont nous sortons soient notre universel modèle! — Brandissons nos armes et anéantissons les ennemis de la patrie.

V

Montrons-nous maintenant au monde entier; et qu'on nous proclame, en voyant nos efforts, les héroïques descendants des Hellènes! — Courons donc, jetons le cri d'alarme et exterminons.

VI

La patrie nous appelle. Venez, accourons, la trompette nous demande des victoires. Volons comme des aigles pour immoler les barbares. — Courez donc, et tirez vos sabres pour la patrie.

VII

Puis, quand brillera cette heure tant désirée et si redoutée de l'ennemi, l'heure du triomphe, nous aurons pour récompense les richesses et les honneurs. Courez donc et tirez vos sabres pour la patrie.

VIII

O ma patrie! ô Grèce si chère! vois notre zèle et notre ardeur; et crions tous ensemble, le sabre nu: — Vivent, vivent, vivent trois fois la foi, la patrie et la nation!

V

LA MORT DE DIAKOS

EN 1821

Un gros nuage noir s'avance, noir comme une bande de corbeaux. Est-ce Klyvas[1] qui vient, ou Levento-Iannis[2]? Ce n'est ni Levento-Iannis, ni Klyvas. C'est Omer-Vrioni qui attaque avec dix-huit mille hommes.

Diakos[3], à cette nouvelle, s'émeut au fond de l'âme; il crie d'une voix forte à son lieutenant : « Rassemble mon « bataillon, réunis les pallicares, donne-leur de la pou- « dre plus qu'il n'en faut; des balles à plein poing. Vite! « Portons-nous en bas à Alamanna[4], où il y a de forts « retranchements et de bons postes. » Ils prennent les sabres légers, les lourdes carabines, arrivent à Alamanna et occupent les abris. « Courage, mes enfants ! » crie-t-il, « enfants, courage ! Soyez vaillants, car vous êtes Hel- « lènes; tenez ferme, car vous êtes Grecs. » Ils eurent peur, et se dispersèrent dans la forêt.

Diakos reste au feu avec dix-huit pallicares. Il lutte trois heures contre dix-huit mille hommes. Son fusil éclate et n'est plus que lambeaux ; il tire son sabre, s'élance au feu, tue des Turcs sans nombre et sept bouloukbachis.

---

[1] *Klyvas*, chef des insurgés de la Livadie.
[2] *Levento-Iannis*. Jean le Milicien, autre chef des insurgés.
[3] *Diakos*, chef de klephtes renommé, martyr de sa foi.
[4] *Alamanna*, poste au-dessus du Sperchius.

Mais son sabre se brise au-dessus de la poignée, et Diakos tombe vivant dans les mains des ennemis.

Mille le tiennent par devant, deux mille par derrière; et, en chemin, Omer-Vrioni [1] lui dit à l'oreille : « Deviens « Turc, mon Diakos, change de foi, abandonne l'Église, « et adore dans la mosquée. »

Mais celui-ci répond, et dit avec colère : « Allons donc, « impie! périssent votre religion et vous-mêmes! Je suis « né Grec, Grec je veux mourir. Si vous voulez mille « pièces d'or et mille mahmoudiés pour me laisser seule- « ment une vie de cinq à six jours jusqu'à ce que viennent « ou Odyssée [2] ou Athanase-Vaïas... [3] »

A ces mots, Khalil-Bey crie en pleurant : « Et moi, « je vous donne mille bourses et cinq cents en plus pour « exterminer ce Diakos, le terrible klephte, qui détruirait « la Turquie et tout son gouvernement. »

Alors ils ont saisi Diakos pour l'empaler. Ils le lèvent tout droit, et il ne fait que sourire, il insulte leur religion, les nomme impies : « Si vous m'avez empalé, c'est « un Grec de moins. Qu'Odyssée et le capitaine Nikitas [4] « vivent, et ils extermineront la Turquie et tout votre « gouvernement. »

---

[1] *Omer-Vrioni*, premier lieutenant de Kourchid-Pacha, « chef alba- « nais de quelque réputation qui eut l'honneur de battre un détache- « ment anglais en Égypte en 1807. » Blaquières. *Histoire de la ré- volution grecque*, p. 125.)

[2] *Odyssée*, le fameux Odysseus dont Diakos avait été le protopallicare.

[3] *Athanase-Vaïas*, pendu à Constantinople en 1822. Le sicaire d'Ali-Pacha.

[4] *Nikitas*, dit le *Turcophage*.

VI

LA MORT DE GEORGAKIS ET DE PHARMAKIS EN VALACHIE

EN 1821

Le printemps nous est venu triste, l'été noir, l'automne amer et empoisonné. Cinq pachas se sont mis en marche; ils amenèrent d'Ibraïl une armée forte en infanterie et cavalerie; ils traînèrent douze canons et des boulets innombrables. Tsapan-Oglou vient aussi de Boukarest; il a une troupe vaillante toute de janissaires, qui portent le sabre aux dents et la carabine à la main.

Georgakis et Pharmakis délibèrent ensemble. — Georgakis, viens, partons, allons en Russie. — Tu dis bien, mon cher Pharmakis, tu parles sagement; mais il y a là un peu de honte, et le monde en rira : il vaut mieux tenir ferme dans ce monastère; peut-être que le Russe va paraître, et viendra nous secourir. — Mais voilà qu'au delà de Sékos[1] les postes crient : « Il vient un gros nuage sombre, les « montagnes en noircissent. » Est-ce le secours qui arrive? Sont-ce des compagnons? Ce ne sont ni des secours, ni des compagnons; ce sont quinze mille Turcs qui nous assaillent. Arrivés à Sékos, ils occupent le poste et entourent le monastère de bien des canons. Cinq de côté, cinq à la porte; et les autres, les plus forts, prennent à dos. Mille Turcs environ tombent près de la vieille

---

[1] *Sékos*, le monastère de Secco dans la Valachie.

église, mille autres sont tués au pied des murs, et l'armée turque recule alors jusqu'à Komboulaki [1]. Un pacha resté en observation en arrière de Sékos jette de grands cris. Achmet, Mohammed, attaquent la place, entourent le monastère, et tout ce qu'il y avait de Turcs et de janissaires environnent et enferment Sékos.

Aussitôt du haut de Sékos Pharmakis vivant s'écrie : « Où es-tu Georges, mon frère, premier capitaine? Les « Turcs nous attaquent en nombre et veulent nous dévo- « rer; c'est une pluie de canonnade et une grêle de « boulets. » Mais Georges était mort, et on ne le revit plus jamais.

Pharmakis prend le commandement et pousse de profonds soupirs. « Où êtes-vous, mes pallicares, mes vail- « lants soldats? Prenez, prenez ma bourse, mes vestes « d'or, mes plaques d'argent, pour me rendre plus lé- « ger; tirez vos sabres, brisez-en les fourreaux, faisons « une sortie et chassons les Turcs. » — Un protopallicare se détache et lui dit : « Tristes sont nos sabres, en « deuil sont nos carabines; les Turcs sont innombrables, « les collines en noircissent. » Il n'a pas dit ces paroles et achevé ces mots, que Pharmakis est pris vivant [2].

— Ne te l'avais-je pas dit une, trois et cinq fois, Pharmakis, de ne pas demeurer en Valachie, de ne pas séjourner à Sékos? — « Qu'en savais-je, malheureux, et comment « me mettre dans l'esprit que des consuls chrétiens nous « trahiraient? » — O vous, oiseau, qui volez dans le haut des airs, faites-le savoir dans la terre des Francs, dans la chrétienté, et annoncez sa mort à la femme de Pharmakis.

[1] *Komboulaki*, c'est sans doute Kimpolongo, petite ville de Valachie.
[2] *Pharmakis*, écorché vif à Constantinople : son cadavre fut exposé ainsi dans le quartier de Péra où résident les Européens.

VII

MONEMBASIE

EN 1821

Passez par Monembasie[1] et par Paléocastritsi[2]. Là, vous verrez du sang; là vous verrez des cadavres.

Le kehaya-bey[3] y vint avec tous ses arvanites. Les klephtes, en l'apprenant, s'en indignèrent; ils placent des sentinelles et veillent eux-mêmes; ils placent aussi des corps de garde; et la sentinelle d'en bas crie à son détachement : « Tenez ferme dans les postes, et prenez vos « abris; le kehaya nous arrive avec toutes ses forces. »

La première balle qui tomba, Kyriakoulis[4] l'avait lancée. Il frappe le baïraktar-aga[5] et le séliktar[6] lui-même. Il s'empare des mulets chargés de bourses, des mulets chargés d'or.

— « Où es-tu, pauvre Théodore Colocotroni, toi, le « fléau de la Turquie et des vieux agas? Qu'en dis-tu, « chien de Khiamil-Bey, et toi, méchant renégat? Je « vais faire des beys prisonniers et des vizirs esclaves. Je « vais prendre toute leur suite et leurs harems. » —

Ils prennent dix-huit harems et quinze beys!!!

---

[1] *Monembasie*, ville de Morée, archevêché et district.
[2] *Paléocastritsi*, le petit ancien château.
[3] Le *kehaya-bey*, Ali-Bey, pacha de Morée.
[4] *Kyriakoulis*, frère de Petro Mavromicalis, chef de Maina.
[5] Le *baïraktar-aga*, le porte-étendard d'Ali-Bey.
[6] Le *séliktar*, le porte-sabre.

VIII

LA PRISE DE TRIPOLITSA

EN 1821

Le jour était pluvieux et la nuit neigeuse, lorsque Khiamil est parti pour Tripolitsa [1]. La nuit il selle son cheval, il le ferre la nuit. En chemin il prie Dieu et dit : — « Mon « Dieu, que je trouve les primats et les archevêques ! « qu'ils me garantissent que les rayas ne prendront pas « les armes et ne se réuniront pas aux klephtes ! » Dès qu'il arrive, les Grecs assaillent la forteresse, ils investissent et resserrent les Turcs, qu'ils attaquent rudement. Colocotroni crie de son poste : « Rends-toi à la troupe « de Colocotroni, Khiamil-Bey [2]. Je te laisse la vie, à toi « et à tous tes enfants, à toi, à tes harems et à toute ta « famille. — J'accepte, ô Hellènes ! et vous capitaines, nous « allons nous rendre à la troupe de Colocotroni. » — Un bouloukbachi crie du haut d'une batterie : — « Non, infi- « dèles, nous ne nous rendrons pas à vous, mauvais « rayas. Nous avons des forteresses solides, et un sultan à « Constantinople, nous avons une armée courageuse et « des Turcs vaillants. Ils viennent à bout de cinq hommes « avec leur sabre, de dix avec leur mousquet, de quinze « à cheval et du double derrière les abris ! — Voyons « donc ! répond Colocotroni, voyons les sabres grecs, « les carabines klephtes, comment se battent les Hellènes « et comment ils hachent les Turcs. »

[1] *Tripolitsa*, capitale moderne de la Morée.
[2] *Khiamil-Bey*, gouverneur de Corinthe.

Le mardi et le mercredi furent mauvais, le jeudi triste. Le vendredi (pourquoi vint-il à luire?) les Grecs décident l'assaut; ils s'élancent comme des aigles; pénètrent comme des éperviers, vident leurs carabines par un feu de mitraille. Colocotroni commande de la porte Saint-George : « Jetez vos fusils, tirez vos sabres, poussez les « Turcs devant vous comme les brebis au bercail. » Ils les chassent, les enferment dans la grande batterie. Le kehaya fait dire à Colocotroni : « Fais un traité avec les Turcs, « frappe, mais n'extermine pas. — Que nous chantes-tu, « mauvais Turc? que dis-tu, vieil infidèle? et toi, as-tu fait « un traité avec la malheureuse Vostitsa[1], où tu as égorgé « nos frères et tous nos parents ! » —

« Ils ont pris les murs, les murs et les défilés; ils ont pris Tripolitsa, la ville renommée. Les femmes turques pleurent sur le chemin et de nombreuses filles des émirs. Une grande dame pleure aussi le malheureux Khiamil-Bey. — « Où es-tu, qu'on ne te voit plus, haut et puissant « seigneur? Tu étais colonne dans la Morée, étendard à « Corinthe, et tour fortifiée à Tripolitsa; tu ne parais plus « à Corinthe ni dans tes palais. Un pappas les a brûlés, tes « palais abandonnés. Tes écuries pleurent leurs chevaux, « les mosquées leurs agas. L'épouse de Khiamil pleure « son époux infortuné. Il est tombé esclave des rayas, et « il vit leur raya à son tour. »

[1] *Vostitsa,* ville de l'Achaïe ; l'antique *OEgium.*

IX

PRISE DE NAUPLIA

EN 1822.

Je ne me souvenais pas d'avoir vu neiger dans le mois de mai; pas plus en mai qu'en juin, et dans tout le mois de juillet. C'est donc un avertissement du ciel.

Un décret du vizir arrive. La Turcomanie se rassemble pour marcher contre Anapli.

Trois femmes turques sont assises à la porte d'Anapli; elles se lamentaient et disaient; elles se lamentent et disent :

— Quel grand malheur nous est arrivé cette année, quand nous sont venus ces mauvais klephtes et ces gens de Sparte qui ont obligé toute la Turquie à se renfermer dans les châteaux forts ! La faute en est au sultan et à son méchant vizir, qui ne nous envoie pas d'armée pour délivrer la citadelle.

— « Quoi donc, Anapli, tu ne te réjouis pas? tu ne « prends pas les joyeux instruments? » — Pourquoi donc me réjouir? pourquoi prendre les instruments joyeux? Le prince me bloque par terre, la Boumboulina[1] par mer. Les boulets tombent comme la pluie ; les bombes comme la grêle, les balles comme le sable du rivage.

[1] La *Boumboulina*, la célèbre Bubélina, qui commandait en personne quatre vaisseaux équipés à ses frais.

— « Anapli, donne tes clefs; rends-toi, Anapli. » — Pourquoi donner mes clefs? pourquoi me rendre? Les secours m'arrivent par terre et par mer. Quatorze frégates, huit vaisseaux de ligne, une puissante armée de soixante-dix mille hommes avec sept pachas, viennent me délivrer. Ils brûleront les champs et les villages : les mères pleureront; ils dévasteront la Morée, anéantiront les klephtes, chasseront tous ces mauvais Maïnotes, et délivreront les Turcs.

— « Anapli, donne tes clefs; rends-toi, Anapli [1]. Tu « peux bien désespérer du secours que tu attends. » — Pourquoi donner mes clefs? pourquoi me rendre? ne suis-je plus la célèbre Anapli? Anapli la fameuse? On a mon portrait à Constantinople et à Venise.

— Il est le 30 novembre, fête de saint André. Chrétiens, qu'attendez-vous pour entrer à Anapli? — Staïkos [2] et ses pallicares s'y précipitèrent comme des lions. — Maintenant Palamidi [3] est un jouet pour les Hellènes. Palamidi et la citadelle sont devenus propriété grecque.

[1] *Anapli*, nom moderne de l'ancienne Nauplia.
[2] *Staïkos*, d'Argos, vaillant capitaine qui dirigeait l'assaut de la citadelle.
[3] *Palamidi*, faubourg et citadelle de Nauplia.

X
LE BRAVE GEORGE

Bien des mères pleurent et se consolent; la mère de George pleure et ne se console pas.

Assise à sa fenêtre, elle considère les campagnes et regarde les penchants du Lounos[1] qui se couvrent d'obscurité.

Est-ce de trop de neige, ou par l'effet de la tempête? Ce n'est ni par l'effet de la tempête ni par trop de neige.

Ce sont les infidèles Laliotes[2] qui ont bloqué le malheureux George; et ils n'étaient pas peu nombreux; ils étaient deux ou trois mille. George était seul avec douze compagnons.

Un derviche arabe, derrière son retranchement, lui crie : « Sors, George; soumets-toi et rends tes armes.

— « Je suis George, le fils de Jannia, le premier des
« capitaines; je soutiendrai le combat avec mes douze
« compagnons. »

Macropanayos crie du haut d'un rocher :

« Tiens bon, George, aide-toi de ton mousquet. Je viens
« à ton secours avec deux ou trois mille hommes. —
« O mon oncle! comment tenir trois jours et trois nuits?
« je n'ai ni pain ni eau et je ne sais que faire. — Qui aura
« la charité de courir à Tricorpha[3], et de dire à la Geor-
« giane, la nouvelle mariée, qu'elle ne revête pas ses
« beaux habits le jour de Pâques, et ne suspende pas des
« pièces d'or à ses cheveux... »

— Ils ont tué George !!!

[1] Le *Lounos*, le mont Olonos, dans l'Achaïe supérieure.
[2] Les *Laliotes*, les musulmans établis à Lala, en Élide.
[3] *Tricorpha*, village sur le mont Tricorpho, en Morée.

XI

LA MORT DE MARKOS BOTSARIS

EN 1823

Trois oiseaux se sont reposés là-bas vers les prairies. Ils commencent à se lamenter le soir, et ils s'écrient au point du jour :

« Enfants, Scondras[1] arrive sur vous avec de grandes forces ; il amène avec lui Tzéladim-Bey[2], Niagiapha et Nicothée, le renégat, l'ennemi des chrétiens. »

En effet, Scondras écrit ainsi aux capitaines : « Soumet-« tez-vous aussitôt, pour que je vous pardonne. Je veux « Markos Botsaris ; livrez-le-moi enchaîné, afin que je « l'envoie vivant à l'empereur, à Constantinople. »

Markos, à cette nouvelle, roule sa moustache sous ses doigts et parle ainsi en secret à Lampros Beïkos[3] : — « Lampros, réunis les enfants, nos meilleurs pallicares ; nous partirons ce soir pour Carpénissi[4]. »

Lui-même se rend à pied à Carpénissi, dans les prairies d'en haut. Là il range les pallicares en bataille, et leur dit : « Enfants, nous ne pouvons combattre ouvertement Scon-« dras ; surprenons-le, et tombons sur lui malgré notre « petit nombre. »

Il choisit deux cents hommes : le sabre au poing, ils fondent rudement sur le camp de Scondras et lui tuent

---

[1] *Scondras*, gouverneur turc de Scodra ou Scudari dans la haute Albanie.

[2] *Tzéladim-Bey*, Dzélalouddin-Bey, pacha de Larisse.

[3] *Lambros Veïkos*, capitaine de Souliotes.

[4] *Carpénissi*, canton montagnard de l'Étolie.

douze cents soldats, sans compter les blessés. — Un Latin, le chien! (que la main lui tombe du bras!) frappe d'un coup de feu mortel la tête de Markos [1] : et Markos, d'une voix aussi haute qu'il peut, s'écrie : « Où es-tu, Constantin, mon frère? N'arrête pas le combat... Et vous, Souliotes, ne me pleurez point; ne portez pas mon deuil. C'est toute la Grèce; c'est la nation entière qui me pleureront... Écrivez à ma femme, à ma femme si malheureuse, qui est dans la terre des Francs, à Ancône, qu'elle ne pense qu'à l'enfant, et lui fasse apprendre à lire. »

[1] *Markos Botsaris*, surnommé l'aigle de Souli. Voici ses dernières paroles, telles qu'elles furent recueillies, quand il tomba vainqueur au milieu de la bataille de Carpénissi.

« — Frères, j'ai fait pour mon pays ce que je lui devais, je meurs
« content. Je suspends mes enfants à votre cou, et je les confie à l'a-
« mitié de la nation. Demeurez fidèles à votre patrie comme de fidèles
« serviteurs de Dieu. Quittez-moi, et courez achever l'œuvre que j'ai
« commencée. »

XII

LE FRÈRE DE MARKOS BOTSARIS

O Costa Botsaris[1]! que tardes-tu? Pourquoi pleurer inutilement? — La trompette sonne et appelle les Hellènes. Le sang de Markos crie.

— « Où est mon Markos? où est mon frère? où est ma lumière? où sont mes yeux? — La trompette sonne et appelle les Hellènes. Le sang de Markos crie.

— « Allons, camarades, aux armes! Chacun à son poste, le sabre à la main! — La trompette sonne et appelle les Hellènes. Le sang de Markos crie. »

— Oh! mon capitaine, voyez tous vos enfants prêts à vous obéir; et rien, ni la mort même, ne peut les détourner de votre entreprise. — Mars s'écrie et appelle les Hellènes. Le sang de Markos retentit.

---

[1] *Costa Botsaris*, Constantin Botsaris, frère de Markos, nommé chef de l'armée des Souliotes après sa mort, avait reçu son dernier soupir et s'était écrié : « Frères, pourquoi gémir? vengeons-le, et honorons « notre capitaine en exterminant les Turcs, ou en mourant comme « lui. »

XIII

CHANT D'ANATOLICO

Un petit oiseau gémissait vers Saint Nicolas. Les ombrages de tous les jardins se dessèchent; et dans les champs qui l'entendent se dessèchent les herbes. Deux Grecs d'Anatolico [1] l'entendent aussi :

— « Qu'as-tu, mon petit oiseau, que tu pleures tout le « jour et t'arraches tes plumes? » — Il y a trois jours, je passais par Carpénissi et j'entendis qu'on parlait dans la tente de Scondras, et que dans le conseil on disait, pour en faire passer l'avis : — Markos est mort, mais il en a tué mille. — Scondras, à cette nouvelle, s'afflige vivement : il demande son cheval pour se mettre en route. « Allons, mon armée, marchons sur la triste Vrachori [2]. »

Ils sortent et marchent vers la campagne de Gourias [3]. C'est là qu'ils placent leurs tentes et attachent leurs chevaux. Puis ils viennent attaquer les Anatolikiotes. Là fut tué un binbachi [4] et le premier séraskier. A cette nouvelle, Scondras s'afflige encore. Il appelle Tzéladim-Bey et lui parle en secret pour qu'il donne l'ordre en Morée et au château de Patras de tirer de grands coups de

---

[1] *Anatolico*, île voisine de Missolonghi.
[2] *Vrachori*, ville de l'Étolie.
[3] *Gourias*, village au pied de Vrachori.
[4] *Binbachi*, chef de mille soldats turcs.

canon et de terribles bombes, pour prendre Anatolico et même Missolonghi.

Omer-Pacha[1] lui crie de Saint-Athanase : « Que dis-tu donc là, mon pauvre Scondras, et toi, vieux bandit? ce n'est pas ici Vidin ni Scraskisi[2]. »

Ici, c'est ce qu'on nomme la Carélye[3]; il y a des capitaines; il y a Macrys[4] de Zygos[5], et Tsongas[6]; un peu plus loin, il y a Costa Botzaris, frère de Markos. Quand ils tirent le sabre et saisissent la carabine, le Turc s'enfuit devant eux et disparaît.

[1] *Omer-Pacha*, le célèbre Omer-Vrionis.
[2] *Seraskisi*, village de l'Athamanie.
[3] La *Carélye*, l'un des noms modernes de l'Étolie.
[4] *George Macrys*, capitaine de Souliotes, chargé par Markos Botsaris de défendre le mont Amphrysse, pendant le siége de Missolonghi.
[5] *Zygos*, montagne d'Étolie.
[6] *George Tsongas*, ancien chef d'Armatoles dans le mont Othryx, lieutenant de Markos Botsaris.

XIV

A MARKOS BOTSARIS[1]

EN 1823

Pleurons, ô Hellènes ! Markos Botsaris, le brave, le héros de notre temps, et sa mort sublime. Sachons l'imiter; si nous désirons sincèrement notre indépendance, nous anéantirons nos ennemis. Guerriers, la concorde s'apprête à nous unir; et Dieu nous envoie la victoire, une victoire solide et durable.

Barbares Turcs, si Markos Botsaris est mort, l'élan des Grecs contre vous n'en est pas affaibli.

O Botsaris, notre héros, merveille de l'Épire ! vous avez laissé une blessure dans chaque cœur grec. Nous avons perdu votre personne, mais non pas vos vertus.—Montez, ô immortel ! vers les sphères célestes, accompagné de nos hymnes divins, et priez toujours pour nous !

---

[1] Hymne chanté devant l'église de Missolonghi, où est la tombe de Markos Botsaris, en présence de lord Byron.

XV

COMPLAINTE SUR MARKOS BOTSARIS

Un aigle revient de la terre, ses ailes sont misérables. Un autre aigle l'interroge, un autre aigle lui dit :

« Allons! réponds-nous, réponds-nous, aigle royal, que
« font les nôtres?

« — Tu me vois, moi l'aigle royal, tu vois comment sont
« mes ailes;

« Ainsi sont les fils de la mère et les frères des sœurs;
« ainsi sont les aiglons chéris de tant d'infortunés. »

— Reposez-vous, taisez-vous, et voyons qui nous manque.

Il nous manque le meilleur de la maison, le premier propriétaire; il était un étendard chez lui et un phare à l'église.

C'est grand dommage pour lui qui est tombé, et plus encore pour tant d'autres qui après lui restent. —

XVI

CHANT GUERRIER

PAR AD. CORAY

I

O mes compatriotes chéris !

Jusques à quand serons-nous esclaves des mauvais musulmans, les tyrans de la Grèce ? Mes amis, l'heure de la vengeance est arrivée; c'est maintenant, ô mes fils ! qu'il faut accourir; Grecs valeureux, vieux ou jeunes, réunissez-vous dans un complet accord, et soyez enfants magnanimes. Embrassons-nous tous dans un commun enthousiasme. — A bas la tyrannie ! vive la liberté !

II

Hélas ! à la honte des Grecs et par leur folie le Turc nous accable, et jamais on ne vit tant de violence, d'iniquité et d'oppression. Tout est dans la main de vils Ottomans, des sauvages mamelouks. Quand il meurt de faim, le Grec n'ose rien dire et se tait. Jusques à quand supporterons-nous la tyrannie des musulmans ? — A bas l'esclavage ! vive la liberté !

III

Où sont maintenant les arts, où sont les sciences qui faisaient notre gloire ? Hélas ! on les a chassés tous ensemble ; et à leur place nous avons aujourd'hui la tyrannie, l'ignorance, la pauvreté, les fatigues, les chagrins, les tortures, le fouet, le sang, le meurtre, l'exil loin de la patrie, et la perte de tout espoir. Pensez à tant de maux, Grecs courageux, imitez vos ancêtres ; et dites d'une voix unanime : — A bas la tyrannie ! vive la liberté !

IV

Cette grande race des Grecs, cette glorieuse nation, n'est plus au levant ni au couchant, on n'entend plus son nom de l'un à l'autre pôle, et voilà ce qu'a fait la barbare tyrannie des Turcs. Mais à la fin, après tant de malheurs, renaît le jour de la vengeance ; les Grecs parlent maintenant, et répètent à grands cris : — Le salut brille dans les ténèbres ; il brille enfin ; vive la liberté !

V

De tous les points de la Grèce arrivent les uns avec les autres tous nos braves, pour exterminer les tyrans ; ils accourent comme à une fête ; ils en font une joyeuse assemblée. Petits et grands se hâtent ; et il y a honte pour celui qui reste en arrière. Les pères et les mères animent leurs fils : Courage, mes enfants, disent-ils en les envoyant au combat. — A bas l'esclavage ! vive la liberté !

VI

Leurs sabres tirés et tournés vers le ciel, ils les croisent et les frappent jusqu'à en faire jaillir l'étincelle, puis, s'embrassant tous ensemble, ils font le serment solennel de ne les plus quitter qu'après avoir vaincu l'ennemi. Oui, par notre foi, par notre patrie, par nos espérances en Dieu, l'antique gloire de la Grèce va renaître avec les armes de ses enfants, et couronner encore des héros. — A bas la tyrannie ! vive la liberté !

VII

Le temps n'a pas détruit les trophées de Marathon, ni les hauts faits de Salamine, ce grand prodige des Hellènes. Les Grecs les racontent encore et s'en souviennent ; ils sont les fils de Minos, de Lycurgue, de Solon, de Miltiade, de Léonidas, d'Aristide, du grand Thémistocle, et jamais on ne vit leurs égaux. Je passe tant d'autres hommes célèbres dignes de notre admiration. — Meure la tyrannie ! vive la liberté !

VIII

Voilà ceux que les Grecs imitent ! ils ne craignent pas les Turcs ; ils méprisent la vie et ne tiennent plus compte des tyrans. Aux Grecs les fatigues et les maux ; ils sont seuls, et seuls ils peuvent affronter l'ennemi et le vaincre. Que feront-ils donc quand d'autres seront avec eux ? Réunis en un seul corps, ils ne redoutent plus de succomber. — Meure la tyrannie ! vive la liberté !

IX

Illustres généraux français ! avec vous il ne vient personne ; mais nous, Grecs courageux, exercés aux fatigues, si nous avons pour amis de notre délivrance et de notre salut les Français, qu'avons-nous besoin des autres ? Grecs et Français, unis et liés par l'amitié, nous ne sommes plus des Français et des Grecs, mais bien une nation gréco-gauloise qui s'écrie : — Périsse à jamais sur la terre l'infâme esclavage ! vive la liberté !

XVII

CHANT DE GUERRE

PAR RIZORANGABÉ.

I

Notre clairon retentit; amis, voici l'heure. Voyez comme nos étendards flottent. La lame étincelante reluit autour de nous, et le courage enflamme nos cœurs. « En avant ! en avant ! » crie le jeune guerrier, mais la discipline enchaine son ardeur.

II

A vos rangs ! alignez d'un pied rapide vos pas réguliers ; allez au combat d'une âme courageuse : votre patrie attend ce sacrifice, et, s'il faut que nous vivions encore dans les fers, hâtons-nous ensemble vers l'autre vie.

III

L'existence est courte, longue la gloire, et le tombeau certain. Les larmes des esclaves sont amères, mais il est beau, le laurier de la victoire. En avant, et sans crainte, en avant ! Que je vive avec honneur, ou que je meure glorieux !

IV

La fortune tourne comme une roue rapide, elle favorise et sa rigueur revient. Si je vis aujourd'hui dans le bonheur et les plaisirs, le vent change aussitôt. Pourquoi donc redouter la mort et les vicissitudes d'une inconstante destinée ?

V

Que notre épée moissonne des monceaux d'ennemis ! que le sang coule comme un torrent ! que l'airain vomisse l'éclair et la fumée pour enflammer les regards des guerriers ; les cris, les blessures, le tonnerre et le bruit : voilà la vie éclatante du patriote !

VI

Ne craignez pas le tumulte du combat. L'audace est la cuirasse du brave. Peut-être ce soir, couchés sur le sol et inanimés, serons-nous la proie des corbeaux ; mais cette même main refroidie, l'ennemi la verra et fuira au loin.

VII

Écoutez, écoutez, le clairon retentit encore ; embrassez votre bien-aimée qui pleure. Que votre âme brise ces liens dorés ! nos vaillants étendards flottent ; donnez le doux baiser de l'adieu ! la patrie vous demande cette cruelle séparation.

VIII

Les troupes avancent, la bataille tonne, le boulet siffle au milieu du feu ; la victoire, je la vois, vole devant nous, et la renommée fend les airs. En avant ! et, si nous mourons tous ensemble, celui qui tombe glorieux vit encore après la mort.

XVIII

LES HÉROS BRULOTIERS DEVANT SCIO

EN 1822

Un autre héros s'élève, pareil au grand Hercule : c'est notre admirable amiral, le formidable Thémistocle de notre époque, né dans nos temps pour l'indépendance de la nation grecque.

Plein d'amour et de zèle pour sa patrie, il a résolu d'exterminer la tyrannique flotte des méchants et barbares musulmans. Pour cet effet, la nation le place comme un expérimenté directeur à la tête de l'escadre qu'il vient commander. Il organise les vaisseaux et toute la marine, qu'il rend supérieure aux marines d'Europe. Les Anglais et les Français restent tout ébahis du succès de ses opérations ; car notre héros est réellement inimitable dans ses dispositions et ses règlements. Les anciens trophées de Salamine ne sont rien auprès des siens.

Enfin il prépare ingénieusement deux brûlots, véritables flèches de feu. Il y place d'intrépides héros incendiaires, vrais fils de la patrie et vengeurs de la nation. Ils partent avec la grâce de Dieu et s'avancent si habilement, que les Turcs les prennent pour des amis. Après le coucher du soleil, au crépuscule, ils se glissent à travers la flotte avec prudence et bonheur...

La nuit était sans lune et l'air favorable à la marche

paisible des navires. Nos héros s'approchent et s'attachent au vaisseau que monte le pacha. Ils lancent le feu dans sa membrure et le feu prend. Les Turcs se troublent et jettent le cri d'alarme. Ils crient : Allah! Allah! Ils invoquent le prophète Ali, Mohammed et tous les autres; aucun ne les secourt.

C'était la dernière nuit du Ramazan, leurs Pâques maudites, qu'ils appellent Baïram; aussi les chefs étaient réunis sur le plus beau vaisseau, modèle de leur marine, grand comme une île, vaisseau amiral du pacha, au centre de la flotte. Tous étaient venus célébrer la fête avec le Capitan-Pacha[1], pour aller ensuite dévaster les villages, les campagnes et les îles.

Mais la vengeance divine les surprend pendant la nuit et les consume au milieu des flammes. Les autres vaisseaux, en voyant cet accident subit, spectacle tragique pour eux et malheur inattendu, coupent leurs ancres et se mettent à fuir, l'un après l'autre, jusqu'à la pointe du jour. Ce fut réellement un bienfait du ciel et une révolution véritablement due à la main du Tout-Puissant, pour apprendre aux nations que Dieu est avec nous, ses vrais serviteurs orthodoxes et fidèles.

C'est Canaris[2], l'Ulysse, qui a triomphé, ainsi que le capitaine André, le courageux Achille. Vivent mes amis les Hydriotes, Spezziotes, Ipsariotes et tous les autres capitaines grands et petits! ainsi que notre chef amiral, l'illustre Miaoulis[3], si courageux dans les combats et restaurateur de notre marine!

La patrie vous appelle avec des couronnes à la main et veut en orner vos têtes héroïques. Elle prie, et demande

---

[1] *Ali-Pacha*, le barbare destructeur de Scio.
[2] *Constantin Canaris*, d'Ipsara.
[3] *Andreas Voco Miaoulis* d'Hydra.

ardemment à ses fils d'accomplir la destruction entière
de l'ennemi. Il faut que vos noms éclatants soient gravés
partout et s'élèvent sur les colonnes et les statues. Vivez,
dit-elle, mes vrais et patriotiques enfants; vous dont la
bravoure est sans égale! Vivent mes aigles, les oiseaux de
la Grèce, que personne ne peut atteindre quand ils ouvrent leurs grandes ailes! ni les Anglais, ni les Français,
ni les Américains. Ipsariotes, quand vous naviguez avec
vos vaisseaux, Dieu fait de vous les exterminateurs de la
flotte barbare et les sauveurs de la nation [1].

[1] Voici, sous la plume d'un Grec, le récit abrégé de ce fait d'armes :
« — C. Canaris d'Ipsara et G. Pepinis d'Hydra montent deux chébeks
transformés en brûlots avec trente-quatre marins déterminés. Le
vaisseau amiral turc, de quatre-vingts canons, mouillé à Tschesmé
en tête de la flotte, avait deux mille hommes à bord. Canaris s'accroche à son beaupré, met le feu au brûlot, qui s'allume sur-le-champ,
et, s'élançant en un clin d'œil sur sa gondole, il traverse la ligne des
ennemis et gagne le large. Le capitan-pacha, voyant son vaisseau
embrasé, s'épuise en vains efforts pour éteindre les flammes. Enfin il
se précipite dans sa chaloupe et fuit vers le continent. Mais, pendant
sa traversée, le vaisseau saute avec fracas; un des éclats tombe sur
la barque de l'amiral, l'engloutit dans les flots et le blesse à mort;
on le retire de la mer, on l'amène mourant sur le rivage de l'île qu'il
avait ensanglantée, et il exhale son âme atroce sur les décombres
de Scio. »

(Rizo, *Insurrection grecque*, p. 422).

XIX

LA FLOTTE GRECQUE

EN 1825

Au cap Géronte, il y a bien du bruit. Une frégate lève l'ancre en toute hâte; elle a peur du brûlot. — Le brûlot s'attache à sa poupe, mais ils l'éteignent. Un second brûlot s'approche et attaque par le travers. Les sabords prennent feu; les chiens s'épouvantent et crient : — « Ils vont « nous brûler ce soir et nous faire esclaves. Anathème « sur toi, méchant navire amiral qui nous perds! » —

S'il y avait eu deux hommes comme Miaoulis, la flotte entière était anéantie. S'il y avait eu un second navire comme le sien, la flotte turque disparaissait.

XX

CHANT DES BRULOTIERS

EN 1825

Amis, voici l'aurore; elle nous appelle au rivage. Entrez dans vos barques avec joie et précaution; le flot mérite attention. Silence, amis; ramez sans bruit. Amis, silence. La fin de notre entreprise ne peut tarder.

Patience, il suffit d'un moment. L'occasion nous favorise. Le courage commence et la prudence achève; le flot mérite attention. Silence, amis; ramez sans bruit. Amis, silence. La fin de notre entreprise ne peut tarder.

XXI

CHANT DE COLOCOTRONI [1]

EN 1823

I

Enfants des Grecs, qu'attendez-vous ? Aux armes ! voici le jour. Jusques à quand vous arrêterez-vous chez l'étranger ? Courez, arrivez, unissez-vous. La guerre est sainte. Notre espérance, votre salut, sont le fusil et le sabre. Avec eux viendra la liberté ; avec eux l'ordre s'affermira.

II

Notre guerre ne ressemble pas aux guerres des rois épris de la gloire : Dieu et la nature nous la commandent. L'Évangile nous appelle contre les barbares musulmans. Nos tyrans nous ont ravi lois, coutumes, honneur, vie, foi et vertu ; les odieux bourreaux !

---

[1] Le célèbre *Théodore Colocotroni*, né en 1770, à Karmavouni, dans l'ancienne Messénie, mort à Athènes en 1842. La lecture de ses mémoires, publiés en 1851 sous ce titre : *Le vieux Colocotroni*, permet de deviner que le chant qui précède n'est pas de sa composition ; il est l'œuvre d'un poëte encore vivant qui s'est inspiré du personnage pour parler plus haut et se faire entendre plus loin.

III

Généreux Grecs! pourquoi tourner vos yeux vers le nord? Dans ce voisinage et dans cette foi commune, il n'y a qu'indifférence pour vos malheurs. Le trône dort d'un profond sommeil. Ces impitoyables souverains des Indes, foulant aux pieds l'Europe, ont ensorcelé tous les monarques, qui restent insensibles à nos maux.

IV

Quand tous ceux qui occupent les trônes, comme des *Turcomanes* furibonds, soutiendraient le croissant et conseilleraient nos ennemis, ne craignez rien, la victoire est en vos mains. Nous briserons le joug, si nous mettons en commun nos forces, et que l'union soit notre guide.

V

Grecs, levez-vous!... Les Turcs égorgent! ils nous enchaînent et nous vendent. Pleins de rage, ils rugissent. La mort bouillonne. Ils brûlent, ravagent, pillent partout et se vautrent dans notre sang. Frères, que celui qui sent dans son cœur la fibre hellénique accoure avec ses armes pour verser le sang des Osmanlis!

VI

C'est le sang des tyrans énergumènes, des ennemis mortels du Christ, des sauvages adversaires de Dieu et des lois, de ces perfides enragés. Frères, versez le sang des Turcs, des bêtes fauves. Vengez-vous, vengez-vous; voici l'heure. Réunissez-vous tous dans la patrie : le champ du combat est un sol sacré.

XXII

IANAKÍS

Ianaki[1], pourquoi donc es-tu si pâle et si changé? — « Enfants, puisque vous me le demandez, je vais vous le dire. Hier au soir j'ai vu dans mon sommeil, j'ai vu dans mes songes ma troupe se disperser, mon armée s'enfuir; et je suis tombé vivant aux mains des barbares de Bavière... — »

Il en eut deux mille derrière lui et mille par devant. Alors les magistrats lui disent et lui répètent : « Porte « témoignage contre Coliopoulos[2] et contre Coloco- « troni. »

— « Enfants, pour qui me prenez-vous? Qui? moi! faux témoin?... Alors je me suis révolté seul avec ma vieille capote. Soixante paras par mouton!... deux piastres pour un veau!... trois piastres pour un cheval!... Qui donc, grands dieux! pourrait supporter de tels impôts? »

---

[1] Ce chant, qui se rapporte à un Grec de la Morée, fort peu connu, et à une levée d'impôts ordonnée en 1832 par la régence bavaroise, n'est placé ici, hors de sa date, qu'en raison du nom de Colocotroni qu'il a prononcé.
[2] *Londos Coliopoulos*, principal lieutenant de Colocotroni.

XXIII

EXPÉDITION DE TOPAL-PACHA CONTRE IPSARA

EN 1824

Topal-Pacha[1] a été élevé en dignité dans le conseil des ministres, afin qu'il sorte et combatte à son tour. Le sultan Mahmoud lui dit avec joie d'aller prendre Samos et Ipsara.

Notre escadre, sortant du port, met aussitôt à la voile et arrive un soir à Mitylène. Elle envoie une frégate française à Ipsara pour y annoncer Topal-Pacha. Celui-ci expédie des fermans pour qu'on ait à vider Ipsara et à embarquer les enfants et les femmes.

Les Ipsariotes voulurent combattre et résister à la flotte des Turcs. Topal-Pacha ordonne à l'escadre de mettre à la voile et de jeter dans Ipsara des troupes. Il part un soir de Mitylène et arrive devant Ipsara avec le jour. Les Ipsariotes le voient arriver avec joie et s'assemblent sur les remparts.

Toute la première journée, ils combattirent vaillamment et furent vainqueurs; la seconde journée se passe en traîtrises contre les malheureux Ipsariotes. Aidé de la trahison de Cotta[2] le fourbe, Topal a trompé Ipsara l'infortunée. Ce chien de Cotta fut un traître qui réduisit

---

[1] *Topal-Pacha*, soit Méhémet *Gazi*, le vainqueur.
[2] *Cotta*, ou *Goda*, l'Illyrien, périt à Ipsara, qu'il avait trahie.

en esclavage les femmes, les jeunes filles et les enfants.

Ceux qui échappèrent descendirent vers Syra et Spezzia, où ils s'établirent. Le Congrès ordonna qu'on les secourût et qu'ils se rendissent à Monembasie pour y séjourner.

Topal-Pacha écrit aussitôt à Constantinople au sultan Mahmoud qu'il est maître d'Ipsara.

Nouveau ferman du sultan à Topal-Pacha : Comme il a pris Ipsara, qu'il prenne Samos.

D'autres fermans vont en Anatolie pour vous, Beys de l'empire, afin que vous rassembliez une armée; et soixante-dix mille hommes réunis sont descendus vers le Dar-Bogas [1].

Un courrier des Samiens arrive au Congrès [2] : ils demandent qu'on leur envoie la flotte pour sauver leur île. Le Congrès donne aussitôt des ordres à Hydra et à Spezzia pour délivrer Samos.

La flotte hellénique met à la voile et chasse la flotte turque de la mer Icarienne.

---

[1] *Dar-Bogas*, nom turc du détroit de Samos.
[2] Le *Congrès*, conseil exécutif des Hellènes siégeant à Hydra.

XXIV

COMBAT NAVAL DANS LE DÉTROIT DE SAMOS

EN 1824

L'an mil huit cent vingt-trois [1], Topal-Pacha fut traité comme il le méritait. Les Grecs lui donnèrent la chasse et lui brûlèrent trois frégates au milieu du Bogás.

Notre vaisseau à lui seul poursuit cinq frégates. Le capitaine se tient sur la dunette et crie avec la trompette marine : Courage, enfants ! forçons la ligne !

Les Turcs, en voyant cette ardeur, commencent à perdre la tête. Ils implorent le secours de Mahomet pour que leur escadre ne se perde pas sur les Gaïdaronèses [2].

Topal-Pacha tire de terribles canonnades et il réunit sa flotte pour délibérer. Il envoie vers le contre-amiral pour l'avertir, afin qu'il n'aille pas licencier la troupe qui est à terre. Mais cette troupe est dispersée et ne peut plus se réunir.

Alors la flotte ottomane se rend à Cos et désarme.

[1] Erreur de date. C'est en 1824 que le combat naval a eu lieu.
[2] Les *Gaïdaronèses*, îles-écueils du détroit de Samos.

XXV

LE CRI DE GUERRE

EN 1824

Enfants d'Hercule, accourez; prenez d'une main le sabre, de l'autre le mousquet. Élancez-vous courageusement tous ensemble et prouvez qu'il est encore une race de Grecs.

Formez-vous en phalanges à l'œil terrible; avancez en ordre d'un pied ferme; le bruit et la poussière de vos pas suffisent pour mettre en fuite les Turcs.

Hydriotes, Spezziotes, et vous, nos frères d'Ipsara, fermez l'Archipel à l'Ottoman; et, s'il osait y reparaître, plongez-le dans les abîmes de la mer.

Le sultan a soif du sang hellénique; il s'irrite, il entre en furie.

IMPRÉCATION.

— Tyran sanguinaire, tu ne règnes que sur des victimes; tu verses le sang innocent. Puisses-tu te noyer dans le sang aussi!

Que le sang que tu répands reflue sur toi; et que ton trône y reste submergé avec ta nation et toi-même! —

XXVI

TSAMADOS

EN 1825

Si j'étais oiseau, je volerais et j'irais à Missolonghi voir comment on joue du sabre, comme on décharge le fusil et comment se battent ces vautours invincibles de la Romélie.

Mais voilà qu'un oiseau aux ailes d'or me dit d'une voix sonore : « Arrête-toi, Georgaki[1] ; si tu as soif du « sang arabe, il y a ici des Turcs à tuer, tant que tu en « voudras. Ne vois-tu pas dans le lointain ces vaisseaux « ottomans ? La mort plane sur eux, et bientôt ils ne se- « ront plus que poussière. »

— Mon petit oiseau, d'où sais-tu donc ce que tu me racontes ? —

« Je te parais oiseau ; mais je ne le suis pas. Dans l'île « qui est vis-à-vis Navarin, j'ai rendu le dernier soupir en « combattant. Je suis Tsamados[2] ; et des cieux où j'habite « je suis revenu en ce monde pour vous dévoiler l'avenir.

---

[1] *Georgaki*, cet interlocuteur de l'ombre de Tsamados, est sans doute Georgaki Kitso, qui commandait à la bataille de Carpénissi, sous les ordres de Markos Botsaris.

[2] *Anastase Tsamados*, amiral, l'un des meilleurs lieutenants de Miaoulis ; mort vaillamment, les armes à la main, en défendant Sphactérie contre Ibrahim-Pacha et les troupes égyptiennes.

« Mais que je vous voie donc de près ; car c'est tout ce
« que je désire. »

— Eh! que veux-tu voir maintenant chez nous dans notre malheureuse patrie? N'as-tu donc pas appris ce qui est arrivé et ce qui se passe en Morée ? —

« Mon cher Georgaki, tout n'est pas perdu ; ne va pas
« désespérer. Si la Morée ne se bat pas en ce moment,
« son temps reviendra. Elle combattra plus tard, comme
« une bête fauve, pour chasser l'ennemi. C'est alors qu'au-
« tour de Missolonghi les noirs ossements feront germer
« des guerriers et que les lions de Souli y trouveront leur
« joie... »

— Et l'oiseau, déployant ses ailes, s'envola vers les cieux. —

XXVII

LA JOURNÉE DE L'ISTHME

PAR RIZO RANGABÉ

I

La terre tremble, les champs gémissent, les collines soupirent ; et là où passe le Roméliote, son courage brille comme l'éclair. Il voit le combat devant lui, tire son sabre et s'écrie : Vive la Constitution ! Je cours, je m'élance, je foule aux pieds les canons, les bombes, les balles, et mon regard tue.

II

En avant, mes frères, et courage ! Sur ce même sol où je marche, mon sabre a mangé quatre-vingts Turcs et cent nègres. Il ne craint pas les esclaves des tyrans ; il frappe, tonne, la flamme en jaillit ; et, tant que je l'aurai, vive la Constitution ! Je cours, je m'élance, etc., etc.

III

Du haut de son trône de pierre l'Acro-Corinthe a tonné ; il perd le joug de quatre siècles et applaudit à notre triomphe. Timoléon m'appelle ; mon sang bouillonne pour la gloire. Vive la Constitution ! Je cours, etc.

IV

J'entends de grands coups de tonnerre, j'aperçois des armées, je me précipite, je m'élance. Je m'élance, et, avant de les voir, les quatre vents les ont déjà dispersées. La victoire me crie « En avant! » et la patrie me prépare des lauriers. Vive la Constitution! etc.

V

La triomphante Athènes porte sa bannière devant nous; partout où elle va, partout où elle passe, elle frappe avec un glaive de feu. Elle épouvante des monceaux d'esclaves. Et elle allume dans mon âme le courage. Vive la Constitution! etc.

VI

Pourvu que j'affermisse notre Constitution, je veux me baigner dans le sang; si je chasse le tyran étranger, que m'importent mille morts! Qu'il pleuve des balles comme la grêle, que le poignard extermine des rangs entiers! Vive la Constitution! etc.

VII

Et, si l'heure est venue de mourir de la mort des braves, ô vous, Mavromichali, recevez-moi au haut des cieux; votre sang a coulé comme l'huile sacrée; il sanctifie nos autels; et votre tombeau nous réclame. Vive la Constitution! Je cours, je m'élance, je foule aux pieds les canons, les bombes, les balles, et mon regard tue.

XXVIII

ODYSSÉE

EN 1825

Qui veut entendre des sanglots, des cris et des lamentations? Descendez de Livadie pour monter à Vilitza. C'est là que vous entendrez des lamentations, des sanglots et des cris : vous entendrez la pauvre Odysséane, la mère d'Odyssée[1]; vous verrez comment elle pleure, se désole et gémit telle qu'une tourterelle. Elle se tourmente comme une perdrix prisonnière; elle arrache ses cheveux comme une jeune cane ses plumes; elle porte des vêtements aussi noirs que les ailes du corbeau.

« Ne te l'avais-je pas dit, mon Odyssée, ne te l'avais-je
« pas dit, ô mon fils de ne point te fier au Congrès! et à
« tous ces écrivailleurs? N'ont-ils pas fait de Gouras[2] un
« gouverneur, et de Nicolas un capitaine? »

---

[1] Le célèbre Odyssée, fils d'Androutsos, mené prisonnier à Athènes à cette époque.
[2] *Gouras*, gouverneur d'Athènes en 1825, ancien lieutenant d'Odyssée.

XXIX

LE CHANT DU TRIOMPHE

O belle Grèce, terre glorieuse, mère des héros et des dieux, réjouis-toi ; tressaille de bonheur et d'allégresse. Les victoires de tes fils t'ont rendu ton éclat.

Tu n'as plus de raison pour t'abandonner à ton éternelle tristesse. L'aide de Dieu et le bras de tes enfants ont abattu ton tyran et sa tyrannie pour toujours.

Armée déjà depuis quatre ans, toute la jeunesse qui te doit la vie n'a fait autre chose que verser le sang des Turcs, tes tyrans, sur mer comme sur terre.

Ici tous les champs, les plaines, les collines et les montagnes sont témoins de nos exploits et de leurs terribles défaites.

La mer entière et ses îles, et ses humides rivages, se remplissent, en effet, des vaisseaux consumés de nos tyrans et de leurs cadavres corrompus.

Les lâches Ottomans frémissent, et tremblent des malheurs qu'ils souffrent ; ils ne s'approchent pas de la bataille, ils crient de loin Allah ! et maudissent le sultan.

En face de nous les Européens contemplent nos brillants exploits ; saisis d'enthousiasme et de stupeur, tous sur mer comme sur terre s'écrient d'une voix unanime : La Grèce ne doit qu'à elle seule la gloire de ses succès.

XXX

LE SOLDAT MENDIANT

EN 1831

Un vieux soldat, avec une écuelle de mendiant, courbé sur un bâton et la besace sur l'épaule, disait au petit enfant qui lui montrait le chemin : — « Pas si vite, mon fils ; pas si vite. Je reste trop en arrière. Tu es heureux, toi ; tu as des yeux jeunes, des pieds robustes, et tu cours comme un cerf. Mais moi, j'ai perdu la vue à Missolonghi, et une balle m'a privé d'une jambe.

« Où sommes-nous, mon enfant ? fait-il nuit, ou fait-il jour ? » — Il fait nuit, mon père, et nous approchons d'Anapli. — « D'Anapli ? » — Vous pleurez, vieillard. — « Je me souviens d'autrefois. Je pense et réfléchis à ce que je fus un jour et à ce que je suis maintenant... D'Anapli ?... C'est moi qui, le premier, le sabre aux dents, sautai dans Palamidi. Je glissais alors d'un ravin à l'autre comme un serpent. Aujourd'hui j'ai bien de la peine à traîner mon corps mort à demi.

« Je suis aveugle... Je ne vois plus les montagnes de la Grèce... Son soleil, enfin libre, ne brille plus à mes yeux. Beaux champs couverts d'ombrages et arrosés de sang, une autre génération mène parmi vous une vie tranquille ! Moi seul, pour vivre, je demande mon pain, et je couche sur les chemins et dans les églises abandonnées. On me rejette partout. Je suis étranger en Grèce, étranger chez moi ! »

« Le monde a bien changé : aujourd'hui les enfants en Grèce ne connaissent plus leur père. On a oublié les sacrifices et les combats des anciens ; on n'a plus d'autre dieu que Plutus. Je m'efforce en vain de trouver un ami de notre vieux temps héroïque. Les uns sont morts ; les autres vivent oubliés. Là où je m'arrête des étrangers me repoussent et rient de moi. »

« O étrangers ! ne riez pas de mes yeux fermés et de ma jambe perdue. J'étais le Protopallicare du grand Botsaris[1]. Ma vieille foustanelle, que vous voyez en lambeaux, me couvre avec honneur, car ce fut un don de Karaïskos[2]. Ce sabre, que je porte à ma ceinture, n'est orné ni de corail ni de clous d'or ; mais c'est le souvenir d'amitié de l'amiral Tombazis[3]. »

« Illustres héros ! vivez, tout morts que vous êtes, vivez dans la mémoire du monde et dans notre mémoire ! Combien est-il mort aussi, ou en vit-il encore de ces citoyens déshonorés qui foulent aux pieds vos tombeaux, veulent hériter de vos sacrifices et laissent les pères, les défenseurs de la patrie, mendier leur pain dans les villes et passer la nuit dans les ravins ! »

---

[1] *Le grand Botsaris*, c'est Markos Botsaris que nous venons de voir mourir en héros. (Page 80.)

[2] *Karaïskos*, vaillant capitaine, chef de pallicares dans la Morée, au début de la guerre.

[3] L'amiral *Tombazis*, d'abord premier lieutenant de Miaoulis, le créateur de la marine grecque, puis son émule. (Page 92.)

XXXI

SAMOS

EN 1855

Quels éclairs! quel sombre orage au couchant! Les côtes de l'Asie en retentissent. O mon âme! y a-t-il de nouveaux malheurs? Quelle fièvre te saisit! mais en même temps quelle joie et quel enthousiasme! Le ciel brille, une voix se fait entendre. Un zéphyr favorable dissipe les blanches nuées et s'envole avec elles vers les montagnes comme un messager ailé.

O ciel! m'écriai-je; et aussitôt je m'élance de ma couche et me dirige vers la voix. Je cours, tout joyeux, sur l'aire où je bats le grain. Le zéphyr humectait de son souffle toute la contrée qui étincelait de rosée. Le peuple courait en foule au bruit des chants de joie. Les montagnes répétaient : *Dieu est grand!* Et moi-même, tourné vers l'occident, je criai, tout en larmes : Mon Dieu! quel prodige vous montrez à nos yeux!

O sainte Liberté! c'est toi, toi que je vois; et je t'invoque comme un don du ciel. O Liberté! ta Samos sur ses illustres promontoires t'attend et t'ouvre ses bras comme à la délivrance. Les souffrances de Samos pendant dix ans ne suffisent-elles pas pour te mériter? O Déesse! viens féconder nos champs et nos collines.

Jusqu'ici on n'entend que la voix du décret qui ordonne notre triste séparation.

LA LIBERTÉ

— « O Samiens, je vous fais mes adieux ; il ne m'est « pas permis de planer sur ces contrées. O mes fidèles « amis ! ne cessez pas de manifester votre courage. O vous « jeunes ou vieux, guerriers immortels ! les peuples qui « me désirent à bon droit, finissent par m'obtenir ainsi « que la gloire. » —

Eh quoi, Déesse ! m'écriai-je en sanglotant, tu retournes sur tes pas, et tu abandonnes un peuple si malheureux ? L'écho désolé qui te renvoie les cris des infortunés Samiens ne peut t'attendrir ? Pleurez, montagnes ; gémissez, vallées. Riches campagnes, plaines superbes, pleurez la cruelle destinée de votre brillant pays. O jours de calamités, ô époque de larmes !

Dites-le, quand les hommes se taisent, vous Kerki, Phtéria, Ampelos, Karbouni, Vournia[1] ; et vous, éclatants rivages, détroit de Samos tant éprouvé, merveilleux Mycale. Dites les terribles souffrances de Samos pendant sept ans ; dites comment et pourquoi elle a pris vaillamment les armes. O Liberté ! âme des nations, c'est toi qui es le principe et le but de tous nos efforts.

Ainsi donc, ô Déesse ! la glorieuse Samos sera anéantie à jamais, ou ta main et celle de la gloire lui ouvriront enfin les portes fermées jusqu'ici de la Grèce, notre mère commune. C'est sa première et dernière résolution ; c'est toi qu'elle désire ou la mort. Mais plus de retard, ô Déesse ! que le ciel et la terre prononcent son arrêt !

[1] *Kerki* et *Ampelos*, montagnes de Samos. *Phtéria*, *Karbouni* et *Vournia*, villages de Samos.

XXXII

LES ADIEUX DE L'HELLÈNE

Nota. Le chant historique qu'on va lire est le seul auquel il m'ait été impossible d'assigner une date précise. Il appartient sans doute à l'ère des luttes qui ont signalé la régénération hellénique; et pourtant c'est bien longtemps après la paix établie qu'il m'a été révélé : de sorte que je serais tenté d'y voir l'œuvre d'une imagination rétrospective plutôt que l'inspiration soudaine du combat.

I

Venez, ma bonne mère, ma bonne mère, venez; portez-moi la courte foustanelle du combat. Donnez-moi un dernier baiser sur les lèvres. Détachez du mur mon sabre et ma noire carabine. Donnez, que je m'habille; et priez, mère, que je meure ou que je revienne vainqueur.

II

Mère, vous vous désespérez, en m'écoutant; vous vous désolez de ce que je vous quitte. Un enfant vous était resté et voilà qu'il vous abandonne. Mais regardez en haut et en bas, mère, ici et là, autour de vous. Nous sommes trois cents : trois cents vêtus pour le combat. Donnez, donnez que je m'habille, et priez, mère, que je meure ou que je revienne vainqueur.

III

Ce sont tous de nouveaux Botzaris, Nikitas et Képhalas. Nous allons nous lancer ensemble dans le feu de la guerre. Ils ont des mères, eux aussi, et ils les ont quittées. Elles les ont armés et leur ont donné la poudre. Et vous aussi, mère, donnez; détachez mon sabre et réjouissez-vous au lieu de pleurer.

IV

Mère, quand j'avais huit ans et que, tout petit, je vous demandais pourquoi je n'avais plus de père, n'avez-vous pas laissé tomber votre quenouille? et, me pressant dans vos bras, me baisant ardemment, ne m'avez-vous pas dit : Vis, mon cher fils, vis pour venger ton père?

V

Et vous me racontiez vos nombreux combats, vos petites armées, les grandes flottes de l'ennemi, tous les exploits de mon père. Et, quand vous l'avez vu tomber sous vos yeux et sous les miens, n'avez-vous pas demandé à Dieu que je vive, et que je vive pour le venger?

VI

Et vous me disiez que vous m'avez emporté, serré dans vos bras, sur les cartouches, dont votre tablier était plein. Vous m'avez montré votre sein noir de poudre, vos mains meurtries, vos pieds enflés, et vous avez demandé à Dieu que je vive, que je vive pour venger mon père.

VII

Et vous m'avez dit que, quand je serais grand, je porterais, comme mon père, un sabre à la ceinture, pour combattre vaillamment comme lui, pour tomber sur la Turquie, la brûler, la dévaster. Et maintenant vous ne demandez pas à Dieu, mère, de me voir revenir vainqueur?

VIII

Voilà que l'heure tant désirée est venue. Donnez, mère, donnez mes vêtements de guerre. Je ne les quitterai plus avant qu'on ne me coupe en morceaux. Donnez-moi encore un baiser sur les lèvres et sur les yeux; et dites-moi fièrement : Prends tes armes, mon fils; rapporte-les, ou meurs.

IX

— « Où vas-tu, mon fils? Arrête encore un instant, arrête, que je mette ces balles dans ton tablier. Cours, et quand il t'en faudra d'autres, au lieu de revenir sur tes pas, crie : Des cartouches, mère, des cartouches. Je le remplirai encore, et si tu dis, mère, je tombe, c'est moi, moi-même qui prendrai ton sabre à ta place.

X

« Ne pars pas; une minute encore. Réponds, mon fils, réponds : est-ce que les femmes ne vont pas à la guerre? » — O mère, restez tranquillement avec les autres mères. Inclinez vos genoux devant les saintes images, et priez Dieu qu'il vous fasse voir votre enfant vainqueur.

XI

Et si vous apprenez, mère, qu'il est mort en combattant, ne pleurez pas, mais fêtez cette journée... — « C'est assez, mon fils, c'est assez. Montre-moi le chemin de l'Épire; je veux encore voir autour de moi les Armatoles, le feu partout. Et puissé-je m'élancer moi-même, le sabre à la main !

XII

« C'est là, c'est là que je veux aussi exercer ma vengeance ; plonger cette épée dans la poitrine de l'ennemi. Je veux gravir encore les précipices et les ravins, voir la Turquie devenue un incendie immense, et si je tombe et meurs, tomber au milieu de la lutte sanglante. »

XIII

Elle dit, et court aussitôt rejoindre son fils; en l'apprenant, d'autres mères s'unirent à elle ; et voilà que les femmes, les enfants, les vieillards, saisis d'enthousiasme, s'élancent la faux à la main comme s'ils couraient à la moisson ; et s'écrient : En avant ! en Thessalie, enfants ! En avant ! feu sur les Turcs !

XIV

Et voilà que tous ils se rangent en bataille avec leurs carabines, enveloppant les balles dans les cartouches ; ils franchissent courageusement les pics, les collines, les vallées, comme des vautours, et tombent sur la

Thrace, le sabre au poing... Et puis... O mon Dieu ! voici le tourbillon, l'orage et la tempête !

XV

Voici la Thrace en armes. Voici l'incendie et ses ravages. Voici que de tous côtés les montagnes sont entourées de fumées noires : on entend gronder les mousquets et le tonnerre retentir. Les mères tremblantes frémissent et se dispersent. Ici des mutilés, là des mourants qui mordent la terre.

XVI

Et pendant un jour et une nuit, les Hellènes n'interrompent pas le feu. Pendant un jour et une nuit ils massacrent. Et ils n'ont remis le sabre au fourreau que quand ils ont vu leurs ennemis tomber sur la poussière, blessés, expirants, et les étrangers s'enfuir épouvantés vers d'autres pays.

XXXIII

LE TROIS SEPTEMBRE

1843

Le jour du trois septembre s'est levé brillant, et les cœurs des Hellènes ont palpité de joie.

Kallergis, Macriyannis et beaucoup d'autres avec eux : leur nom rayonnera dans les siècles futurs.

Ils courent la nuit au palais, l'assiégent et demandent la Constitution; sans quoi ils mettront le feu.

Aussitôt que notre roi a vu ce siége, il se met à sa fenêtre tout tremblant. « O mes Hellènes chéris ! » s'écrie-t-il ; et il est tout surpris de voir le peuple accourir en foule pacifiquement.

Il dit : « Où sont mes ministres pour délibérer avec
« moi? Il faut d'abord que ces rassemblements se dissi-
« pent. »

Dans de telles circonstances, les ministres ne servent à rien; car c'est le peuple qui exige une Constitution.

— « Hellènes, ce que vous demandez me paraît bon et
« juste, et je le signerai avec grand plaisir; mais je de-
« mande un ajournement de quelques jours pour réfléchir
« et me décider avec mes ministres. »

— Non, sire ; il faut signer tout de suite pour calmer et satisfaire le peuple. —

Voici les ambassadeurs qui, voulant arranger la chose, arrivent en uniforme et sollicitent l'entrée du palais. On les refuse; ils s'arrêtent. Ils hésitent devant la sagesse des Hellènes, et ils s'en vont.

La reine lui dit : « Mon cher Othon, je t'en prie, donne, « sans plus tarder, ta signature. — Tu es le premier roi de la Grèce, et le peuple t'aime. Eh bien! fais-toi honneur aussi d'être constitutionnel. — Bien que je ne sois qu'une femme, je le sais, quand tout devrait aller en Grèce sens dessus dessous, il faudra toujours finir par une Constitution. »

Aussitôt notre roi, sans perdre le temps, donne sa signature et le peuple s'apaise.

— « Bravo! bravo! crie la foule à grand bruit. — Dieu veuille que vous soyez aussi le sauveur des autres Hellènes! Qu'ils soient délivrés du joug tyrannique des barbares Ottomans! — Honneur à la couronne et au peuple grec! il a eu sa Constitution par des voies pacifiques. — Vivent les Hellènes patriotes et l'armée et ses chefs! — La Grèce est devenue libre; chassons les Bavarois. »

« Hellènes, la fraternité et l'union montreront que vous êtes de vrais constitutionnels. — Le despotisme et l'absolutisme sont tombés; le trône constitutionnel s'est élevé sur la nation. — Un parlement, un sénat; des lois constitutionnelles. — De bons orateurs feront retentir la tribune. La presse est libre; les ministres sont responsables et rendent chacun leurs comptes au parlement. »

« Ainsi donc, imitons nos ancêtres; peut-être aurons-nous comme eux un âge d'or? — Enfin, après avoir combattu contre le joug tyrannique, écrions-nous avec toute la nation : — Vive Othon! vive Amélie, couple constitutionnel! Gouvernez en paix le peuple grec! »

QUATRIÈME PARTIE

CHANTS KLEPHTES

i

LA LEÇON DE NANNOS

Nannos s'est rendu dans les montagnes, sur les plus hautes cimes. Il y réunit les fils des Klephtes, jeunes et pallicares. Il les ramasse, les met ensemble et en fait trois milliers; il les enseigne pendant tout le jour; et toute la nuit il leur dit : Écoutez, mes pallicares, et vous aussi mes enfants. Je ne veux pas des Klephtes à chèvres, des Klephtes à moutons. Il me faut des Klephtes à sabre, des Klephtes à carabine. Pour une marche de trois jours, prenons une nuit. Allons forcer la maison de cette dame Nikolo qui a tant d'espèces et de la vaisselle d'argent. Bien venu soit Nannos! bien venus ses pallicares! Les enfants veulent les paras [1], les pallicares les pièces d'or; et moi, pour ma part, je me contente de la dame.

[1] *Para*, la plus petite monnaie turque, valant moins d'un centime.

II

ZACHARIAS

Quel malheur est donc survenu cet été? Trois villages se plaignent de nous et trois villages chefs-lieux : et un pappas de Saint-Pierre se plaint de nous aussi. Qu'ai-je donc fait à l'animal pour crier après moi? Ai-je égorgé ses bœufs ou ses brebis? J'ai seulement donné un baiser à sa bru et à ses deux filles. J'ai tué un de ses garçons. J'ai emmené l'autre prisonnier, et j'en ai eu pour rançon cinq cent deux pièces d'or; mais j'ai tout partagé en solde, en solde pour mes pallicares, et, pour ma part à moi, je n'ai rien gardé.

III

LE CAPITAINE AMOUREUX

Nicolas, conduis-toi sagement, comme il convient à un capitaine, puisque tu l'es. Ne te dispute pas avec ta troupe, et ne va pas la pousser à bout; ils ont formé un mauvais dessein, et ils te tueront. — Qui donc raisonne avec la troupe, et qui la fait murmurer? Dès que viendra le printemps et la belle saison, j'irai vers le Xérolivadi[1] et à nos

---

[1] *Xérolivadi*, montagne et village de la Thessalie, à l'entrée des défilés.

anciens postes. J'irai m'y marier, et prendre une petite femme que j'habillerai d'or et de petites perles.

Ces paroles excitent la colère des pallicares, qui lui tirent trois coups de fusil, mortels tous les trois ! A bas le débauché ! à bas le traître, qui nous prend notre or pour épouser sa blonde.

La blonde pour nous, c'est le pistolet, notre petite femme, c'est le sabre.

IV

LA PERFIDIE DU CAPITAINE

Les bons pallicares sont mis à mort par leurs camarades sans avoir en rien failli, les malheureux ! Le capitaine, le chien (qu'il soit privé de sépulture !), prend leurs têtes et abandonne leurs corps.

Ils tombent décapités à la croisée des chemins; le voyageur qui passe s'arrête et demande : « Enfants, où sont vos habits? où sont vos armes? » — Pourquoi ne pas dire : Où sont nos têtes, et pas seulement nos armes ?

Les compagnons ont pris nos armes pour en payer le tribut. Et le capitaine, le chien (qu'il soit privé de sépulture !), a pris nos têtes et a laissé là nos cadavres.

V

LES DEUX FILS DU PROESTOS[1]

Trois oiseaux se sont arrêtés sur les hauteurs du canton de Katérini. L'un regarde Larisse, l'autre Alassone. Le troisième, le plus cruel, fait sa complainte et dit : « Quelle « est la mère? quelle est la femme de Proestos qui avait « deux fils? Dis-lui de ne pas les attendre et de ne pas « aller à leur rencontre. La Salambrie[2] descendait le jour « et la nuit; et, comme des poissons marins, ils ont plongé « dans ses eaux. »

Ce soir, ah! combien j'ai eu de mal au fond de mon cœur. Je me suis réveillé comme je l'interrogeais, et je l'ai interrogé de nouveau.

— « Mon cœur, qu'as-tu à souffrir et à soupirer si profondément? Tu ne portes pas de fardeau; tu ne gravis point de montagne. » —

— « Mieux vaudrait gravir la montagne tout chargé de plomb que d'avoir vu ce que j'ai vu hier bien tard dans la soirée. Le fleuve entraînait deux frères unis dans un baiser. L'un avait dit à l'autre, et lui disait encore : — « Tiens-moi, mon frère, tiens-moi bien, ne nous séparons « pas; car, si nous nous séparons une fois, nous ne nous « réunirons plus jamais. » —

---

[1] *Proestos*, président. C'est le titre du chef grec d'un district : ainsi se nomme aussi le député que les quarante-quatre villages du canton de Zagori envoyent à Iannina pour les représenter.

[2] La *Salambrie*, le Pénée.

VI

LA FEMME DE COSTAS

Ce n'est point ta faute, pauvre Costaine, ce n'est point ta faute, infortunée; mais bien celle de ta chienne de belle-mère, qui t'a dit de faire ton lit. — Ma petite bru, fais ton lit dans la chambre là-haut, dans le pavillon. Costantis doit venir pour t'embrasser. — Et, en effet, avant le jour, deux heures avant l'aube, des plaques d'argent pressent sa gorge, et des boutons de métal sa poitrine. Alors il lui sembla que c'était Zabéri; elle se lève, et jette aussi haut qu'elle peut trois grands cris.

VII

LES DEUX SERVITEURS ET LEUR MAITRESSE

Ma petite lune brillante, illumine, et promène-toi pour que nous te questionnions sur deux Grecs de Grévéno [1]. Ils servaient une veuve turque. Tout le jour au joug; tout le soir à la chaîne. — Voyons, enfants grecs, enfants de Grévéno, faites-vous Turcs, pour jouir de la Turquie, de ses coursiers rapides et de ses lames de Damas. — Voyons, madame la Turque, faites-vous Grecque vous-même, pour jouir de la pâque avec les œufs rouges de l'Église, de la sainte lumière et du salut.

[1] *Grévéno*, canton de la Macédoine, la Stymphalide.

VIII

LA MORT DE BÉBROS

Près du Vardari, près du Vardari [1].
Et dans les campagnes du Vardari
Bébros était étendu.
Son cheval noir lui dit :
— Lève-toi, mon maître, et en marche,
Car notre compagnie s'en va. —
— O mon noir, je ne puis la suivre,
Car je vais mourir.
Voyons, creuse avec tes ongles,
Avec tes fers d'argent;
Prends-moi avec tes dents
Et jette-moi dans la fosse.
Prends aussi mes armes,
Porte-les à ma famille.
Prends encore mon mouchoir;
Tu le donneras à mon amie
Et elle pleurera en le voyant.

[1] *Vardari,* l'ancien Axius, fleuve de Macédoine.

IX

LE SOMMEIL DU BRAVE

A l'heure où les oiseaux, à l'heure où les hirondelles réveillent l'aurore et gazouillent, les belles babillent aussi et disent :

— « Réveille-toi, mon maître, mon doux amour, réveille-toi, et presse dans tes bras ma taille de cyprès, mon cou de neige et ma gorge pareille à des limons.

— Laisse-moi, charmante, dormir encore un peu. Hier soir, mon capitaine m'a mis en sentinelle.

— Il me place toujours au premier rang au combat, pour que l'on me tue, ou que je sois prisonnier.

— Mais Dieu m'a doué d'une grande force; j'ai dégainé contre vingt ou trente.

— J'en ai tué deux et quatre en tout. Les autres m'ont fui, cinq étaient blessés.

— Je prends alors la route, je prends le sentier pour me mener à la ville ou au hameau pour me reposer.

— Je n'ai trouvé ni hameau ni village.

— Laisse-moi, charmante, laisse-moi dormir encore un peu. »

X

LA VOIX DE LA TOMBE

Nous avions bu tout le samedi, tout le jour du dimanche, et le matin du lundi; comme il n'y avait plus de vin, le capitaine m'envoie pour en chercher. Étranger et inconnu, je ne savais pas la route. Je pris de mauvais chemins et des sentiers qui m'égaraient. Un de ces sentiers me conduit à une pauvre petite église, où il y avait de nombreux tombeaux de frères et de cousins. Il y avait aussi une tombe séparée des autres. Je ne la vis pas, et je marchai dessus sa tête. J'entends aussitôt une voix qui murmure et gémit profondément. — Qu'as-tu, tombeau, pour murmurer et pour gémir profondément? Ta fosse te presse-t-elle ou la grande pierre de dessus? — Ce n'est ni la fosse ni la grande pierre de dessus qui me pressent. Mais n'avais-tu pas d'autre place pour marcher et d'autre chemin pour passer? Pourquoi viens-tu fouler ma tête? N'ai-je pas été jeune aussi? N'étais-je point pallicare? N'ai-je pas marché la nuit au clair de lune avec un sabre de dix empans et un fusil d'une lieue? Ne me suis-je donc pas battu comme un digne pallicare? En une nuit seule j'ai tué trente ennemis, et j'en ai blessé quarante autres en guerre ouverte. Mon sabre s'est brisé en deux morceaux; et un ennemi, un chien d'ennemi, m'a atteint avec son cheval. Il tire son yatagan et le lève sur moi, je le saisis de la main droite; il prend alors son pistolet et contre moi le décharge; il m'a étendu dans cette fosse, là où tu me vois. Ami, pleure-moi, pleure en moi le brave pallicare.

XI

DÉMOS

Ces yeux, Démos, ces beaux yeux,
    Ces sourcils peints
Font, Démos, que je suis malade
    Et vont me faire mourir.
Prends, Démos, ton petit sabre,
    Et coupe-moi la gorge.
Recueille, Démos, mon sang
    En un mouchoir brodé d'or.
Porte-le dans les neuf villages,
    Dans nos dix cantons.
Et si, Démos, on te dit : Qu'est cela ?
    — C'est le sang de mon amie.

XII

LA CHANSON DE SALONIQUE

A la porte de Salonique
Un pallicare est assis ;
Ses cheveux sont nattés,
Il tient à la main un téorbe doré,
Et il chante ainsi :
O mes fenêtres d'or,
O mes jalousies d'argent,
Dites à votre douce maîtresse
De se pencher en face pour que je la voie ;
Je ne suis ni un serpent pour l'avaler,
Ni un lion pour l'engloutir.

XIII

LE DERNIER ADIEU DU KLEPHTE

Élance-toi vers la rive, en bas sur le rivage; que tes mains soient des rames, ta poitrine un timon et ton corps amaigri un vaisseau! et si Dieu et la sainte Vierge font que tu nages, que tu traverses et atteignes nos quartiers où nous tenons le conseil et où nous fîmes rôtir les deux boucs Floras et Tombras; alors, si la compagnie te demande quelque chose sur mon compte, ne va pas dire : il n'est plus; il est mort, le malheureux. Dis seulement que je me suis marié mal à propos sur le sol étranger; j'ai pris la pierre du tombeau pour belle-mère, la terre profonde pour femme, et pour beaux-frères ces petits cailloux.

XIV

LE PALLICARE

Je me lève de très-bonne heure, et encore tout endormi, je lave mes mains et mon visage pour me réveiller tout à fait.

J'entends craquer les hêtres et les ormeaux gronder. Quels sont ces grondements? Quel est ce tonnerre?

Ce sont les pallicares qui passent et vont se battre; ils vont se battre contre ce chien de Mousaga[1].

Chaque arbre est un étendard, chaque rocher un pallicare.

[1] *Mousaga*, chef des musulmans.

XV

LA FILLE DE L'ARVANITE

Ils sont tous à me dire : — « Tu as refusé la fille de « l'Arvanite. »

Eh ! pourquoi la refuser, la fille de l'Arvanite dont le corps est d'or et la ceinture d'argent ?

J'irai chez le joaillier pour la faire fondre. J'en tirerai assez d'or pour avoir une coupe, une croix et une belle bague.

— La belle bague pour la mettre à mon doigt,
— La coupe pour y boire,
— La croix pour l'adorer, parce que je suis chrétien.

XVI

LES ARMES DU KLEPHTE

Les armes du brave,
Il ne faut pas les vendre ;
Mais il les faut à l'Église
Pour être présentes aux saints offices :
Il faut les suspendre bien haut,
Dans la tour pleine de toiles d'araignée,
Afin que la rouille mange ses armes
Comme la terre mange le brave.

XVII

L'ARBRE QUI PARLE

Un jeune soldat, brave soldat, a cherché le camp, — mon ami,
Mon basilic à triple épi.

Il a cherché le camp et un village pour s'y arrêter,
Il n'a pas trouvé le camp, — mon ami,
Mon basilic à triple épi.

Il n'a trouvé ni camp ni village,
Mais seulement un arbre, — mon ami,
Mon basilic à triple épi.

Seulement un arbre qu'on nomme cyprès.
— « Arbre, reçois-moi, — mon ami,
Mon basilic à triple épi.

« Arbre, reçois-moi, reçois-moi, cyprès,
« — Voilà mes branches, — mon ami,
Mon basilic à triple épi.

« Voilà mes branches, suspends-y tes armes.
« Voilà ma tige, — mon ami,
Mon basilic à triple épi.

« Voilà ma tige, attaches-y ton cheval,
« Voilà mon ombre, — mon ami,
Mon basilic à triple épi.

« Voilà mon ombre : couche-toi et t'endors. »

XVIII

LE BANQUET DES KLEPHTES

D'ALEXANDRE SOUTZO

I

Dans ces forêts sombres, parmi ces roches sauvages où ne peut atteindre le sabre du tyran, oublions le bruit des armes et dressons la table sous ces rameaux verts. Asseyez-vous en cercle; remplissez les coupes; et si notre repas est pauvre et borné, sachez que d'autres vivent dans l'abondance et les délices, mais que le pain des esclaves est amer.

II

Libres comme l'air de nos montagnes, nous courons et volons partout, ainsi que nos aigles. Nos regards brûlent; nos armes dévastent; quand nous marchons, c'est le tonnerre de la mort. L'épée à la main, nous rions de la colère et des armées de nos barbares tyrans. Dans les sentiers de nos forêts, ou dans nos précipices infranchissables, nous oublions la terre des esclaves et des lâches.

III

Nos épées s'agitent et crient dans leurs fourreaux. Qu'elles crient et s'agitent, le moment viendra. Elles trouveront encore des combats, des victoires, et leur ardeur s'éteindra dans le sang. Chante et bois comme vient le temps. Ce temps passe, passe avec lui. Jouis de ta jeunesse, et sois toujours brave : brave si tu vis, brave si tu meurs.

IV

L'esclave, pour dorer ses fers, baise la main qui l'opprime. Nous n'inclinons le genou devant personne, et bien des genoux se courbent devant nos armes. Versez, versez; faites passer les coupes et buvez tranquilles et contents. Tous ces nautoniers de la vie, qui naviguent au sein des honneurs et de l'or, mêlent bien du fiel à leur vin.

V

Nous ne posons nulle part; mais, ainsi que les habitants ailés de nos forêts, nous errons, comme l'occasion nous mène, librement, gaiement et sans soucis. Le sol de la forêt est notre lit; les branches du chêne sont nos rideaux; la source du ravin éteint notre soif, et Dieu pourvoit à notre nourriture.

VI

Faites passer la coupe à votre voisin; les collines jettent des éclairs; la terre tremble; les soldats nous chassent comme une proie. Voici la guerre, voici le carnage! Si les balles arrivent, si nous succombons, si ce vin doit être le dernier pour nous, aucun de nous ne se plaindra : et la terre, qui n'a pas cessé d'avoir des tyrans, ne cessera pas de les haïr.

XIX

LE KLEPHTE

DE RIZO RANGABÉ

I

La nuit est noire sur les montagnes; la neige tombe dans les ravins. Au milieu de la solitude et de l'obscurité, dans les défilés et dans les roches escarpées, le Klephte brandit son sabre.

II

Il porte la foudre nue dans sa main droite; il a pour palais la montagne, pour abri le ciel, pour espérance sa carabine.

III

Les tyrans, pâles de crainte, fuient sa terrible épée. Son pain est trempé de sa sueur. Il sait vivre avec honneur; il sait mourir aussi.

IV

La fourberie et l'injustice règnent dans l'univers. Les méchants ont la fortune. C'est ici, sur ces rochers, qu'habite la vertu ignorée.

V

De grands marchands trafiquent des peuples, comme de troupeaux de brebis. Ils trahissent le monde et en rient. Ici, les armes parlent seules dans nos vallées inaccessibles.

VI

Allez, baisez les pieds devant lesquels les esclaves s'inclinent. Ici, sous ces rameaux verts, les Klephtes ne baisent que leur épée et la croix.

VII

Tu pleures, ma mère; je pars. Si tu pries pour moi, je reviendrai. Je te prive d'un fils; mais je ne puis pas vivre de la vie de l'esclave.

VIII

Ne pleurez pas, ô mes beaux yeux bleus que j'aime! vos larmes me désespèrent. Je vis libre dans les montagnes, je veux mourir libre aussi.

IX

Allons! allons! la terre retentit; la fusillade commence. Partout la terreur, partout le sang : ici la fuite, là la blessure..... — Ils ont tué le Klephte.

X

Les voisins désolés et la tête découverte, le rapportent à pied. Ils chantent tous ensemble :
« Le Klephte vit libre ;
« Il meurt libre aussi! »

XX

L'OLYMPE

Les deux montagnes, l'Olympe et le Kissavos, disputent à qui donnera le plus de pluie et le plus de neige, c'est le Kissavos qui donne la pluie et l'Olympe la neige. Alors le Kissavos se tourne et dit à l'Olympe : — « Ne me défie pas, Olympe, toi que foulent les Klephtes. Je suis le Kissavos[1] célèbre dans Larisse. Les agas de Larisse et les Iconiates me louent. — L'Olympe se tourne et dit au Kissavós. — Ah ! Kissavos, odieux Kissavos que foulent les Iconiates, où se promènent les Turcs et les agas de Larisse. C'est moi qui suis le vieil Olympe renommé dans le monde. J'ai soixante-deux cimes, quarante monastères, chaque penchant a son église, chaque pic a sa source. J'ai des retraites reculées où les Klephtes hivernent ; et quand vient le printemps, quand s'ouvrent les feuilles, mes collines se remplissent de Klephtes, et les postes de prisonniers. C'est moi qui ai l'aigle d'or, l'aigle au plumage doré ; il se pose sur le haut de mon roc et dit au soleil : « Soleil, tu n'as pas de force le matin, tu n'as de « chaleur qu'à midi pour chauffer mes serres et leurs on- « gles. Quant à moi, je prends des perdrix et des ramiers « sauvages. »

---

[1] Le *Kissavos*, le mont Ossa de Thessalie.

XXI

L'OLYMPE

Les deux montagnes, l'Olympe et le Kissavos se querellent. L'Olympe se tourne alors et dit au Kissavos : Ne dispute point, ô Kissavos, que foulent les Iconiates. Je suis le vieil Olympe célèbre dans le monde entier; j'ai quarante-deux pics, soixante-deux sources; chaque source a son étendard; partout ombrage et klephte; et à mon plus haut sommet s'est posé un aigle qui tient dans sa serre la tête d'un brave. — O tête chérie, qu'as-tu fait pour être ainsi châtiée? — « Oiseau, mange ma jeunesse, « mange aussi ma bravoure, pour que ton aile soit d'une « aune et ta serre d'un empan. Je fus Armatole sur le « Louros [1] et dans le Xéroméros [2], puis klephte pendant « douze ans à Cassia [3] et à Olympos [4]. J'ai tué soixante agas « et j'ai brûlé leurs villages. Quant aux Turcs et aux Arva- « nites que j'ai laissés sur la place, mon cher oiseau, ils « sont trop nombreux pour les compter. Mais mon tour « est venu de périr au combat. »

[1] Le *Louros*, montagne de l'Albanie.
[2] Le *Xéroméros*, capitainerie armatole de la basse Épire.
[3] *Cassia*, } capitaineries thessaliennes.
[4] *Olympos*, }

XXII

LES DEUX AIGLES

Un aigle d'or s'est posé sur le Louros désert. Chaque jour il chasse les rossignols et les perdrix. Mais, vers le quinze du mois de mai, il ne va plus à la chasse; il demeure affligé et dévaste son propre nid.

Un autre aigle descend et le salue. « Bonjour à toi, aigle royal; »

— « Bonjour, petit aigle. »

— « Qu'as-tu donc, malheureux aigle royal, que tu dévastes ainsi ton nid? »

— « Petit aigle, puisque tu m'interroges, je vais te le dire. Ce soir, il m'a semblé dans mon propre sommeil, dans le sommeil dont je dormais, que j'allais à Bérat [1], auprès de Kourd-Pacha, et entendais dans le conseil la proposition de Giakhos. Giakhos offrait au sultan à Constantinople : De l'or tant que vous en demanderez, je vous en enverrai le double. Mais faites-moi vayvode à Moulalik [2] pour que j'en chasse tous ces hommes de Bérat, et le chien de trésorier. » —

---

[1] *Bérat*, capitale de la moyenne Albanie.
[2] *Moulalik*, en Thessalie, canton de la basse Ilœotide.

XXIII

LE VIEUX CERF ET LE CHEVREUIL

Là-bas, sur le mont Olympe, dans les forêts basses des sapins, est couché un vieux cerf, dont les yeux pleurent abondamment.

Il verse des larmes rouges, rouges et vertes; des larmes bleues aussi.

Un chevreuil passe, s'arrête et lui dit :

— « Qu'as-tu donc, vieux cerf? Pourquoi tes yeux pleurent-ils abondamment? — Pourquoi verses-tu des larmes rouges, rouges et vertes, des larmes bleues aussi? »

— Les Turcs sont venus au village; et ils ont avec eux soixante et douze lévriers.

— Je vais les prendre tous ensemble, et les jeter dans les îles, dans les îles et dans la mer. —

Mais, quand vint le soir, ce fut le chevreuil qui fut pris, et quand vint minuit, le vieux cerf.

XXIV

LA JEUNE FILLE ARMATOLE

Qui a vu le poisson sur la colline et les moissons sur la mer! qui a vu une belle fille dans des habits klephtes?

Elle a fait douze ans le métier d'armatole et de klephte, et personne ne s'est douté que c'était Diamanto.

Un jour, c'était un jour de fête, on sort du camp pour jouer au sabre et pour lancer le disque; et comme on lançait le disque et qu'on jouait au sabre, son agrafe se brisa, et son sein parut. Alors étincela le soleil, alors brilla la lune. Un jeune klephte le voit et se met à rire. — Qu'as-tu, mauvais fils de klephte, et pourquoi ris-tu de moi seul? — J'ai vu le soleil étinceler et briller la lune. J'ai vu ton sein blanc, blanc comme la neige. — Tais-toi, mauvais fils de klephte, si tu ne le dis à personne, je te prends pour mon camarade de guerre, et je te ferai assez riche pour porter un damas et un fusil d'or. — Je ne veux pas être ton camarade, je ne veux pas que tu m'enrichisses assez pour porter un damas et un fusil d'or. Mais je te veux pour femme, et que tu me prennes pour ton mari. — Alors elle le saisit par les cheveux et le jette à terre. — Lâche mes cheveux, jeune fille, et donne-moi la main pour me relever. Je serai ton camarade de guerre et te servirai fidèlement.

CINQUIÈME PARTIE

LÉGENDES

I

L'ENLÈVEMENT

Pendant que j'étais assis et mangeais à une table de marbre, mon cheval vint à hennir et mon sabre à bruire. Je me dis alors dans mon raisonnement : On marie ma belle; on la bénit avec un autre; avec un autre on la couronne; on la fiance, et on lui donne un autre mari. Je me lève, je vais à mes chevaux qui sont soixante et quinze : quel est celui de mes chevaux, qui sont soixante et quinze, qui peut lancer des éclairs au Levant et se trouver au Couchant? Tous les chevaux qui m'entendent rendent du sang; toutes les cavales qui m'entendent avortent. Mais un vieux, un petit vieillot, avec quarante meurtrissures : — « Je suis vieux et laid, les voyages ne me « siéent point; mais, pour l'amour de ma belle maîtresse, « je ferai la course, car elle me portait à manger dans les « plis de son tablier, et à boire dans le creux de sa main. » Il selle aussitôt ce cheval et aussitôt le monte. « Serre « bien ta tête avec un mouchoir de neuf aunes; ne secoue

« pas la bride, et n'use pas des éperons, car il me sou-
« viendrait de ma jeunesse, je ferais comme un poulain,
« et je sèmerais ta cervelle dans un champ de neuf cou-
« dées. » D'un coup de cravache donné à son cheval, il
fait quarante milles; il redouble et en fait quarante-cinq;
et chemin faisant il prie Dieu. — Mon Dieu, faites que je
trouve mon père épamprant sa vigne! Il l'a dit en chrétien, en saint il est exaucé, et il trouve son père épamprant sa vigne. — Bien tu fais mon vieux; mais à qui est-
elle, la vigne? — Au malheur et au deuil, à mon fils Ianaki.
Aujourd'hui on donne un autre mari à sa belle; avec un
autre on la bénit, avec un autre on la couronne. — Oh! dis-
moi, dis-moi, vieillard, les trouverai-je encore à table? —
A table tu les trouveras, si tu as un bon cheval; si tu n'as
qu'une rosse, tu les trouveras à la bénédiction. — D'un
coup de cravache donné à son cheval il fait quarante
milles; il redouble, en fait quarante-cinq, et chemin faisant
il prie Dieu. — Mon Dieu, faites que je trouve ma mère
arrosant dans le jardin! Il l'a dit en chrétien, en saint il
est exaucé, et il trouve sa mère arrosant le jardin. — Bien
tu fais, ma vieille; mais à qui est ce jardin? — Au malheur et au deuil, à mon fils Ianaki. Aujourd'hui on donne
un autre mari à sa belle; avec un autre on la bénit, avec
un autre on la couronne. — Oh! dis-moi, dis-moi, ma
vieille, les trouverai-je encore à table? — A table tu les
trouveras, si tu as un bon cheval; si tu n'as qu'une rosse
tu les trouveras à la bénédiction. — D'un coup de cravache
donné au cheval, il fait quarante milles; il redouble et en
fait quarante-cinq. Le cheval se met à hennir, la fille le
reconnait. — « Ma fille, qui donc cause avec toi; qui donc
« te parle? » — C'est mon frère aîné qui apporte ma dot.
— « Si c'est ton frère aîné, sors pour lui verser à boire. Si
« c'est ton amant, je sors et je le tue. » — C'est mon frère

aîné qui apporte ma dot. — Elle prend une coupe d'or, pour sortir et verser à boire. — Tiens-toi à ma droite, charmante, et verse-moi à gauche. — Le cheval s'est agenouillé, la fille se trouve dessus. Il court aussitôt comme le vent. Les Turcs prennent leurs mousquets; mais ils ne voient ni le cheval ni sa poussière. Celui qui avait un bon cheval vit sa poussière; celui qui avait une rosse ne la vit même pas.

11

MANUEL ET LE JANISSAIRE

Allons, Manuel, allons, jeune homme, allons, bon enfant, tu as une femme si belle, et tu n'es pas gai? — Où l'as-tu vue, janissaire, et comment le sais-tu? — Moi? je l'ai vue, je la connais et je l'aime. — Si tu l'as vue, si tu la connais et si tu l'aimes, quels habits portait-elle, et quel bonnet? — Sa robe était blanche et son bonnet rouge.

— Et Manuel s'enivre et la tue. Le lendemain, désespéré, il la pleure.

— « Lève-toi, princesse, lève-toi, ma belle, et habille-
« toi. Viens, lève-toi, pare-toi, et sors pour aller danser.
« Que les pallicares te voient et en sèchent! que je te voie
« aussi moi, infortuné, et que ce soit ma joie ! »

Manuel était devenu fou.

III

LE DÉPART DE L'HOTE

Voici mai, voici la rosée, voici le printemps. C'est alors que l'hôte veut retourner chez lui.

Il selle son cheval la nuit, la nuit il le ferre; il lui met des fers d'argent, des clous d'or, et une superbe bride, rien que des perles.

La fille qui l'aime, la fille qui le veut, lui porte le flambeau et l'éclaire, le verre et le sert; et autant de verres elle lui verse, autant de fois elle lui dit :

— « Prends-moi, prends-moi, maître, moi et toi. Je « ferai la cuisine pour que tu dînes, le lit pour que tu « dormes, et je dresserai ma couche tout près de la « tienne. »

— Là où je vais, ma petite, les filles ne vont pas; il n'y a que des hommes, jeunes et braves.

— « Eh bien ! habille-moi à la franque, donne-moi des « habits d'homme.

« Donne-moi un cheval leste avec une selle d'or, je « tirerai comme toi, et je courrai comme un brave.

« Prends-moi, prends-moi, maître, moi et toi. »

IV

LE CHATEAU DE LA BELLE

De tous les châteaux que j'ai vus ou rêvés, jamais je n'en ai rêvé ni vu de pareil au *Château de la Belle*.

Il y a quarante tours pleines de trésors, et quarante-cinq tours pour la guerre.

Le Turc a pendant douze ans assiégé Oréocastro, et n'a pu le prendre.

Mais voilà qu'un méchant Turc d'Iconium va vers le Sultan, et profondément le salue.

— « O monseigneur le Sultan, qu'ordonnez-vous? » Je te donne mille piastres, un beau cheval, et deux sabres ornés d'argent pour le combat. —

— « Je ne veux ni de votre monnaie ni de vos piastres,
« ni de votre cheval, ni de vos deux sabres. Je ne veux
« que la jeune fille qui est derrière les fenêtres. »

— Si tu prends le château, tu auras aussi la fille. —

Il met un habit de moine, vient à la porte, pleure, tombe à genoux et se prosterne.

O porte, ouvre-toi! ouvre-toi, porte de la Belle! porte de la fille aux yeux noirs, porte de la reine.

— « Tu es un mauvais Turc, un Turc d'Iconium. Fuis, ou tu seras tué; fuis, ou tu seras pendu.

— O madame, j'en jure par la croix et la Vierge sainte, je ne suis ni un mauvais Turc ni un Turc d'Iconium [1].

Je suis un moine grec qui vient de son couvent; je meurs de faim, prenez pitié de moi.

— Eh bien! qu'on lui donne du pain, et bon voyage!

— O madame! permettez que je prie dans votre église.

Porte, ouvre-toi, ouvre-toi, porte de la Belle! Porte de la Belle, porte de la fille aux yeux noirs, porte de la reine.

— Eh bien! jetez-lui des cordes et qu'on le hisse.

— Mon froc est plein de trous et tout déchiré.

— Eh bien! jetez-lui un sac, et qu'il vienne.

— Oh! pas un sac, madame, la tête me tournerait. » —

La porte s'entr'ouvre; la cour se remplit. Les uns courent à la monnaie, les autres aux piastres.

Pour lui, il court à la jeune fille qui est derrière les fenêtres : et la jeune fille dès qu'elle l'aperçoit se précipite dans la mer.

---

[1] *Un Turc d'Iconium.* Nous avons déjà vu ces Iconiates maudits des Grecs. Les sultans avaient transporté en Thessalie cette tribu musulmane du continent asiatique, dans l'espoir d'y éteindre la rébellion des Klephtes; mais la tentative n'eut d'autre succès que d'exciter le mépris des populations chrétiennes, et de les aigrir contre leurs oppresseurs.

V

LES DEUX FRÈRES

Un marchand descend du sommet des collines; il mène douze mulets et quinze mules. Les voleurs le rencontrent au milieu du chemin et saisissent ses mulets pour les décharger, et voir s'il n'y a pas de monnaie cachée dans ses sacs. Il les prie de ne point les décharger. — « Ah! ne « déchargez point ces pauvres mulets ; à charger et dé- « charger j'ai la poitrine moulue. » Le capitaine se met en colère, s'arrête et lui dit : — « Voyez-vous ce fils de « chien, cet enfant de prostituée, il ne pleure pas sa vie, « il ne pleure que ses mulets. Où êtes-vous mes cama- « rades? » crie le capitaine, « allongez-lui une estafilade, « et qu'il reste sur place. » — Ils en avaient pitié, car il avait du courage. Mais le capitaine se précipite comme un lion féroce, dégaine son poignard et le frappe au côté. L'autre soupire profondément et dit comme il peut : — « Où « es-tu, mon père, pour me voir; ma mère, pour me pleu- « rer? — D'où est donc ta mère, pour que je lui écrive une « lettre? — Ma mère est d'Arta, et mon père de Crète ; j'ai « eu un frère aîné qui s'est fait voleur. » — Le capitaine fré- mit, l'embrasse, l'enlève dans ses bras et le porte aux mé- decins. — « Vous qui guérissez tant d'hommes pourfendus « et blessés, guérissez aussi ce jeune homme, c'est mon « frère. » — D'une telle blessure personne ne guérit. L'autre le prie de prendre les mulets. — « Tiens, prends « nos mulets et mène-les à notre père? — Et que veux-tu « que je dise à notre père et à notre pauvre mère? J'ai « égorgé mon frère et j'ai pris ses mulets. »

VI

LA SŒUR DE MAVROYÉNI

Mavroyéni s'assoit au festin du roi et participe à ses joies. Quatre cents seigneurs et le peuple par milliers composaient la troupe des convives. Le vin fait naître la gaieté et la gaieté le chant. Après les chansons la conversation commence et roule sur la beauté des femmes; chacun fait part de son admiration, d'abord pour leurs qualités et leurs vertus dignes de tout respect. L'un dit la pureté de sa mère, l'autre le mérite de sa marâtre, un troisième ne craint pas de vanter sa propre femme.

Mavroyéni n'est pas le dernier, et c'est sa charmante sœur qui fait le sujet de ses éloges. — Quelle sœur le destin m'a donnée! sa vertu est inébranlable; l'or, la parure, les plus précieux diamants ne peuvent rien sur son cœur. Le roi entend ces paroles et s'en irrite. — Qu'aurai-je de toi si je viens à bout de sa vertu? — Seigneur, si vous réussissez, prenez ma tête. — Bien, reste en otage jusqu'au jour.

Puis le roi prend ses clefs d'or et vole à ses richesses, il charge douze mulets de tous ses trésors, et dit à l'esclave qui les conduit : — Va chez Mavroyéni, et demande à parler à sa sœur, prosterne-toi devant elle, et tu lui diras de plus près : Salut à toi, image étincelante d'or, toi qui dresses ta taille comme une colonne d'argent, et qui as le parfum de la violette, toi bel oranger aux fruits délicieux. Quand tu verras l'impression qu'elle recevra de ces paroles, tu ajouteras : Ces douze mulets qui plient sous le poids de tant de trésors, le roi te les donne, pour que tu l'aimes, et que tu le reçoives cette nuit.

— « Salut à toi, messager, et deux fois salut à celui qui
« t'envoie. C'est sans doute mon frère qui me met à l'é-
« preuve. » — Non, ce n'est pas ton frère, ô la plus charmante des femmes; c'est le roi, le roi qui n'aime que toi.
— « Alors dis au roi qu'il peut venir cette nuit. »

Elle court à sa nourrice et presse ses genoux. — « O
« nourrice, si tu m'es vraiment fidèle, si ton lait m'a nour-
« rie, prends mes habits, je prendrai les tiens; prends ma
« chambre, je prendrai la tienne; et si le roi vient, sois
« complaisante et ne lui refuse pas ce qu'il peut deman-
« der. »

La nuit venue, le roi pénètre furtivement dans la maison de Mavroyéni; et il ouvre la porte de la belle aux sourcils noirs et aux cheveux dorés.

Tout lui réussit, il est au comble de la joie; et comme l'aube va paraître, deux heures avant le soleil, il se lève, coupe du tranchant de son poignard une tresse de la belle chevelure avec le ruban d'or qui l'entoure, et un doigt de la main avec l'anneau qui le pare; puis il court à la place publique où il appelle ses sujets.

— Salut à vous, mes nobles et mon peuple, salut à toi, Mavroyéni, et salut à ta charmante sœur. Cette sœur, aussi sage que belle, dont l'or, la parure et les diamants n'ébranlent pas la vertu, je l'ai serrée dans mes bras, et j'ai cueilli les fleurs de sa beauté. — « Seigneur, un signe
« de ce que vous avez dit, » s'écrie Mavroyéni, et il frémit, ses joues pâlissent et la mort s'assoit sur ses lèvres. Le

roi montra la tresse et le ruban, le doigt et l'anneau. Mavroyéni soupire profondément et tombe en défaillance. Bientôt se répand la mauvaise nouvelle.

Alors la sœur affligée quitte ses habits : elle se pare comme une fiancée. Son visage resplendit comme le soleil ; son sein comme la lune. Ses sourcils, noirs comme la plume du corbeau, forment un cercle imposant autour de ses beaux yeux ; elle s'avance ainsi, légère comme l'hirondelle, au milieu de la place.

— « Nobles seigneurs, et vous peuples, ne m'arrêtez pas.
« Pourquoi mon frère est-il enchaîné ? Qu'a-t-il fait pour
« mourir ? » — Ton frère a garanti sur sa tête ta chasteté ; tu as cédé au roi, et il se vante de t'avoir serrée dans ses bras ? — « Et quel signe en donne-t-il ? » — Ta tresse et ton ruban, ton doigt et ton anneau.

— « Nobles seigneurs, et vous, peuple, regardez : voilà
« mes mains, un doigt y manque-t-il ? voilà ma tête, a-t-elle
« perdu un cheveu ? Le roi, en se livrant à mon esclave,
« est devenu mon serviteur. Prends ta besace et du pain,
« ta cruche et de l'eau, méchant ; va dans la forêt avec ton
« âne, et rapportes-en du bois pour ma maison. »

Le peuple, à ces mots, se jette sur le roi et le met en pièces. Puis la charmante fille est appelée au trône ; on place la couronne sur sa tête. — « Sois notre reine.
« Assois-toi sur ce trône : heureux jour pour nous ! Heu-
« reux jour ! dans nos mémoires vivra éternellement ta
« vertu. »

VII

LA FILLE VOYAGEUSE

Une jeune fille de grande beauté veut se mettre en voyage; mais comment voyager? elle n'entend rien à la rame; elle donne cent pièces de Venise pour noliser un navire, et autant pour que son honneur soit sauf.

Comme ils étaient à deux ou trois milles du port, le capitaine du vaisseau tend la main vers la gorge de la jeune fille; elle en a une telle honte, qu'elle tombe et s'évanouit.

Le capitaine la croit morte, la prend dans ses bras et la jette à la mer, et la mer la pousse au puits de Morée. Les femmes y viennent pour l'eau, et les filles moréates aussi; elles jettent leurs cruches qui se prennent à ses cheveux.

— « Voyez cette taille si mince, ces doigts si effilés, voyez quelles lèvres à baiser, toutes rougies qu'elles sont! J'ai baisé ces lèvres rouges, elles ont teint les miennes; je les ai essuyées avec un mouchoir, et le mouchoir en fut teint; je le lavai dans le fleuve, le fleuve s'en teignit; teints en furent le bord de la rive et le milieu de la mer; une galère aussi en fut teinte et un beau galion; et les petits poissons si lestes et si jolis en furent teints eux-mêmes. »

VIII
IANOULA

Toutes les filles se marient et épousent de beaux garçons; moi Ianoula, la jolie, j'ai pris le pauvre malade. Je m'assois toujours près de lui; je lui parle, il ne me parle pas; je lui donne du pain, il ne le mange pas; du vin, il ne le boit pas. J'étends pour lui cinq matelas et cinq oreillers : Viens, pauvre malade, couche-toi; viens, pauvre malade, dans ton lit; étends tes mains desséchées sur mon sein d'argent, pour y trouver la fraîcheur de mai et les fleurs d'avril.

IX
L'IMPRÉCATION

O ma lune brillante et dorée, là où tu vas te coucher, salue pour moi celui que j'aime, ce voleur d'amour; il me caressait et me disait : je ne t'abandonnerai jamais, et maintenant il m'a abandonnée comme le chaume des champs, comme une église sans culte, comme un pays ravagé. Je veux le maudire et voilà que je le regrette; mes entrailles en souffrent et mon âme aussi. Mais non, mieux vaut maudire, et que Dieu fasse ce qu'il voudra de mes souffrances, de mon soupir, de mon désespoir et de mes imprécations. Qu'il monte donc sur le cyprès pour en prendre la fleur! qu'il se précipite d'en haut, pour tomber en bas, pour se briser comme le verre, se fondre comme la cire! qu'il tombe au milieu des mousquets des Turcs, des poignards des Francs, avec cinq médecins pour le soigner et dix pour le guérir!

X

LE VOYAGE NOCTURNE

O mère, avec tes neuf fils et une seule fille que tu baignes dans l'obscurité, que tu habilles au jour et que tu laces serré hors de la maison au clair de lune; puisque je t'ai fait passer une demande de Bagdad, donne-la, mère, donne Arété à l'étranger, et que j'aie aussi moi-même quelque consolation dans la vie que je mène! — « Constantin, tu as du bon sens et pourtant tu raisonnes « mal. S'il m'arrive joie ou chagrin, qui me la ramè- « nera? » — Il prend Dieu et les saints martyrs pour témoins, que si joie ou chagrins surviennent il la ramènera. Arrive l'année mauvaise, ils meurent tous les neuf, et sur le cercueil de Constantin la mère s'arrache les cheveux. — « Lève-toi, mon petit Constantin; je veux mon Arété, tu « as pris Dieu et les saints martyrs pour témoins que, si « chagrin ou joie survient, tu iras la chercher. — Et pour aller la chercher il part au beau milieu de la nuit, il la trouve dehors se peignant au clair de lune. — Allons, viens, notre petite Arété, notre mère te demande. — Mon Dieu! mon petit frère, qu'y a-t-il donc à pareille heure? S'il y a joie chez nous, je vais mettre mes beaux habits; s'il y a chagrin, mon petit frère, j'irai comme je suis. — Ni chagrin ni joie, viens comme tu es. Sur la route qu'ils suivent, sur la route où ils vont, ils entendent les oiseaux gazouiller; ils les entendent dire : — « Vois donc cette belle fille que conduit un mort. » —

Entends-tu, mon petit Constantin, ce que les oiseaux disent? — Laisse les petits oiseaux chanter, laisse les oiseaux dire. — Tu me fais peur, mon petit frère, et tu as l'odeur de l'encens. — Hier au soir nous sommes allés à Saint-Jean, et le pappas nous a trop parfumés. — Ouvre, mère, ouvre, voici ton Arété. — « Si tu es bienveillant, « chemine, si tu es bienveillant va-t'en; la pauvre petite « Arété me manque, elle est loin d'ici chez l'étranger. » — Ouvre, mère, ouvre-moi. Je suis aussi ton Constantin. J'ai pris Dieu et les saints martyrs pour témoins que, s'il arrivait chagrin ou joie, j'irais te la chercher. — Et voilà qu'au moment où elle ouvre la porte c'est son âme qui s'en va.

XI

L'ÉTRANGER

Je veux une fois, je veux deux, je veux trois et cinq fois, je veux aller à l'étranger, et y aller bien loin : et autant de montagnes que je franchirai, je leur dirai à toutes : Chères montagnes, n'ayez pas de neige, ni vous campagnes de gelée, ni vous fontaines d'eau froide et de glace, jusqu'à ce que j'aille et puisse m'en retourner. Mais voilà que le pays étranger m'a égaré, ce triste pays. Je prends des sœurs étrangères, des ménagères étrangères aussi. Une étrangère lave mon linge et soigne mes habits; elle les lave une fois, les lave deux, trois et cinq fois, et après les cinq fois elle les jette dans la rue. — «Étranger, prends ton linge, prends tes habits, retourne « dans ton endroit; va-t'en chez toi, va voir tes sœurs; « étranger, va revoir tes parents. » —

9.

XII

L'ÉPOUSE SANS FOI

Là, dans le voisinage, et dans la rue d'en haut, reposait une belle dans les bras de son mari. Mais le sommeil ne lui venait pas, le sommeil ne peut lui venir.

Alors elle parle à son mari, alors elle lui dit : — « Tu « dors bien fort, Constantin, quel profond sommeil te « prend; les vaisseaux font voile et tes camarades par- « tent. »

— Laisse-moi, ma belle, dormir encore un peu; tu me tourmentes, ma belle; tu me presses trop, ma fille; tu en aimes un autre et tu veux être avec lui.

— « Si j'en aime un autre et si je veux être avec lui, tu « portes un sabre à la ceinture, coupe-moi la tête; mes « vêtements rougiront et ton sabre aussi! »

Constantin monte à cheval et fait route pendant deux heures. Il a oublié son écritoire et revient le chercher; il trouve ses portes closes et bien barricadées, il trouve la belle elle-même couchée avec un autre.

— Lève-toi, belle, et voyons lequel te plaît, lequel est le plus beau et le plus brave.

— « Pour la bravoure et la beauté, c'est toi; pour l'a- « mour et le plaisir, c'est lui. »

Il tire son sabre et en fait mille morceaux; c'était un corps d'ange et une épouse sans foi.

XIII

LA BELLE CHANTEUSE

Là-bas, sur le rivage; là-bas, dans la rade, une jeune femme lavait le mouchoir de son mari et chantait son chagrin. Le rivage fit naître une douce haleine qui remua légèrement le bord de son jupon, et montra quelque peu du bout de son pied.

Le rivage en resplendit, le monde en brilla; passent des navires et des galiotes de guerre, et tous furent éblouis de tant de beauté. Elle interrompt aussitôt son chant. Alors le capitaine la salue et la prie de continuer sa chanson.

— « Je ne chantais pas, lui répond-elle, je faisais ma « triste complainte sur mon époux, qui m'a quittée pour la « patrie, il courut à la guerre avec l'espérance de revenir « dans mes bras, et de recevoir de moi la couronne. Dix « ans ont passé et personne jamais ne m'apporta de ses « nouvelles. J'attends deux ans encore qu'il revienne, puis « au bout de ce temps, « je me fais religieuse. »

Le capitaine dit alors : — Quel était son nom, peut-être l'aurai-je connu à la guerre? — « Son nom était Cos- « taki, il partit avec Lambros [1] et s'est fait marin avec lui. » — Reconnais-moi, reconnais-moi, ma belle, c'est moi qui suis Costaki, c'est moi qui suis ton époux. »

---

[1] *Lambros*, célèbre corsaire grec, la terreur des flottes ottomanes (Voir mes *Épisodes en Orient*, t. 1, page 204.)

XIV

LE CHANTEUR ET LE DRAGON

Hier il tombait une neige fine et Iannis chantait; il chantait si doucement, si gracieusement il gazouille, que l'air lui prend sa voix et la porte chez le dragon. Le dragon sort et lui dit : Iannis, je vais te manger. — « Pourquoi, « dragon, pourquoi, monstre; pourquoi veux-tu me man- « ger? » — Parce que tu chemines à une heure indue, et que tu chantes avec malice. Tu réveilles les rossignols dans leurs nids et les oiseaux dans les campagnes; tu me réveilles, moi, dragon, avec ma dragonnesse. — « Laisse- « moi cheminer, Dragon, laisse-moi passer; le roi tient « table ce soir et m'a mandé, car il m'a nommé premier « musicien et son premier chanteur. »

XV

LA FILLE JUIVE ET LA PERDRIX

Une fille juive moissonnait et elle était grosse; longtemps, longtemps elle moissonna, puis les douleurs la prirent; elle s'appuie sur une gerbe, et met au monde un bel enfant ; elle le met dans son tablier et va le jeter à l'eau. Une perdrix la rencontre, une perdrix lui dit : — « Chienne insensée, folle sans foi, juive impure. J'ai « dix-huit petits et je travaille à les nourrir; et toi, tu « n'as qu'un bel enfant et tu vas le jeter à l'eau? »

XVI

LA BLONDE OUVRIÈRE

Là-haut dans le voisinage, sur la pointe de la colline, était une blonde qui tissait, qui tissait et chantait.

Et au bruit de son chant, au bruit de sa navette, le soleil se scandalisait et tardait à se coucher.

La mère du soleil la maudit. — « Jeune fille, si tu « n'es pas mariée, puisses-tu avoir un mauvais sort, et si « tu as été mariée de si bonne heure, puisses-tu ne jamais « vieillir!

« Toi qui es cause que mon soleil tarde à se cou- « cher, quand ta chanson et le bruit de ton métier l'em- « pêchent de dormir. »

La belle à ces mots se hâte de répondre :

— C'est à bon droit que je chante et me montre joyeuse; car l'homme que j'ai à l'étranger depuis tant d'années, voilà qu'il m'écrit d'aller le rejoindre. —

La mère du soleil à ces paroles la bénit :

— « Jeune fille, si tu n'es pas mariée, puisses-tu avoir « un heureux sort, et si tu t'es mariée de si bonne heure, « puisses-tu vivre de longs jours ! »

XVII

LES AMANTS

Une belle est gravement malade par amour pour un jeune garçon, un beau garçon blond, et sa souffrance est extrême. Trois belles, ses compagnes, vont la consoler; l'une porte du basilic, l'autre porte une poire, et celle qui l'aime sincèrement porte des larmes dans un mouchoir; l'une la critique, l'autre l'injurie : — N'avons-nous pas aussi aimé comme toi? mais nous avions le cœur de fer et le foie desséché. — Celle qui l'aime sincèrement leur répond aussitôt : Vous, quand vous avez aimé, c'était du noir et du laid; celle-ci quand elle aime ce sont des yeux d'anges. — Ma fille, puisque tu m'en fais l'éloge, va donc me le chercher. — Fais chauffer l'eau, baigne-moi, peigne-moi avec ton peigne, tresse mes cheveux pour que je te l'amène. — Mais si je te lave et te peigne, j'ai peur que tu ne me le prennes. — Oh! non, sur ma vie, ma compagne, je ne suis pas de celles-là. — Laisse les villages, va devant toi dans les collines, où tu verras une bannière verte, c'est là qu'il est né. — Elle quitte les villages, elle va devant soi aux collines, voit la bannière verte et trouve où il est né. Elle le voit mangeant, buvant avec des chefs et des voisins; il en a tant d'un côté, tant de l'autre; et comme ils ne lui suffisent pas, il interroge celle qui arrive : — Dis-moi, ma belle, et vis longtemps, où vas-tu, et de quel côté? — Tu en as tant d'un côté, tant de l'autre, et, loin de te suffire, tu me questionnes moi-même. Et celle que tu as épousée, à qui tu donnas la couronne et qui est belle par-dessus tout, comment l'oublies-tu? — De qui parles-tu, charmante, et que veux-tu dire? Est-ce une blonde, à la taille fine, dont les yeux regardent la terre, dont le sourire fait pleuvoir les roses dans son tablier. — Puisque tu en fais l'éloge, comment peux-tu l'oublier?—Je t'ai dit le bon côté, voici le mauvais : si je l'embrasse, elle se fâche; si je la pince, elle pleure; si je touche sa gorge, elle le dit à sa mère : — Allons, viens mon bel astre, je te la garantis. — Quand du corbeau naîtra l'aigle, de la perdrix l'épervier, et du raisin sec le jasmin, alors nous nous réconcilierons. — Elle part, s'en retourne et répète les mots amers.

Celle-ci se plaint comme la perdrix, gémit comme la colombe, se lève doucement, doucement, et se met à la fenêtre. Elle le voit qui descend à cheval vers la campagne, enfoncé dans ses manteaux noir et or, et se dressant comme une tour sous son habit rouge : l'étoffe qu'il porte sur le ventre jette des éclairs, ses cheveux bouclés réflètent le soleil. — Mon rameau, mon trésor, mon sabre de diamant, mon aigle aux ailes vertes, où vas-tu donc chasser? — On me marie là-bas à Péra; si cela te plaît, viens aussi à la noce, tu tiendras la couronne et seras la commère. — Là où tu vas dormir et demeurer avec une autre jeune fille? Souviens-toi de ma beauté et parle-lui de mes charmes, mais ne lui dis pas mes folies. Ma lèvre était la fontaine, ma bouche était le puits, et tu as couru au jardin pour y cueillir des fleurs. — Payez les noix là-bas[1], et bonsoir la noce. Viens, ma colombe, viens et réconcilions-nous. —

---

[1] Les noix qu'on avait retenues pour la noce, usage antique. *Sparge, marite, nuces.*

XVIII

LE MARIAGE IMPROVISÉ

Comme j'étais assise et tressais pour mon Kyrkos un cordon, pour Kyrkos, mon maître et mon amant, un oiseau d'or s'est posé sur le bois de mon métier.

Il ne chantait pas comme un oiseau, ni comme chantent les rossignols; il chantait et parlait un langage humain.

— « Tu tresses un cordon et ton Kyrkos se marie! il « se marie, il est fiancé, et il prend une autre femme. »

— Je pelotonnais ma pelote, je la jette dans un coin. J'ouvre la jalousie qui est toujours fermée et je le vois qui descendait à cheval vers la campagne.

L'appeler tige de vigne? la vigne a des nœuds; l'appeler basilic? le basilic naît du fumier; il est mieux de l'appeler comme il ne convient qu'à lui, et lui dire ses qualités.

— Bonjour, branche de musc, baguette de jonc, où vas-tu donc si bien paré d'argent et d'or?

— « Je me marie, ma fille et je prends une autre femme. « Si tu le veux et que tu en aies envie, viens toi-même « à mes noces, tu tiendras la couronne, tu en seras com- « mère. »

Elle court aussitôt chez la voisine et lui dit tout :

— « Ma fille, tu es bien malade, ma fille, tu deviens « folle. »

— Je ne suis ni folle ni malade ; mon amant se marie, prend une autre femme, et m'a dit, si j'en avais envie, de venir à ses noces pour y tenir la couronne et servir de commère.

— « Eh bien ! fais de ton visage un soleil, de ton sein « une lune, et que la ligne de ton sourcil soit comme la « plume du corbeau. »

Ce que l'une a dit, l'autre l'a fait. Le pappas la voit et se trompe, le diacre oublie ses réponses et les petits clergeons perdent le feuillet.

— Chante, pappas, comme tu chantais, toi diacre, comme tu officiais, et vous petits clergeons, retrouvez votre feuille.

Pappas, si tu es chrétien, si tu es baptisé, retourne les couronnes et place-les sur la commère. Tu ne saurais rien faire de mieux.

XIX

L'ÉPOUSE FIDÈLE

Devant un métier doré, avec une navette d'ivoire, une femme belle comme un ange, est assise, occupée à tisser. Elle a déjà soixante-deux fois agité son pied, et quarante-deux fois sa navette, lorsque passe un marchand monté sur un cheval noir qu'il arrête, en saluant la femme. — Bonjour à toi, ma jeune fille. — Sois le bienvenu, ô étranger. — Jeune fille, pourquoi ne pas prendre un pallicare et te marier? — Que ton cheval noir meure plutôt que de t'entendre parler ainsi! J'ai un mari à l'étranger depuis bientôt douze ans. Je l'attendrai trois ans, et puis trois ans encore; s'il ne revient pas et s'il ne paraît plus, alors je me ferai religieuse et je m'enfermerai dans un couvent pour y porter le deuil. — Ma fille, ton mari n'est plus... Ton mari est mort, ma fille; mes mains l'ont reçu mourant; mes mains l'ont mis en terre. J'ai partagé mon pain et mon feu avec lui, et il m'a dit que tu me les rendrais. — Tu l'as soigné, tu l'as enseveli, que Dieu te récompense! Le pain et le feu que vous avez partagés, je vais te les payer. — Je lui ai prêté un baiser aussi, et il m'a dit que tu me le donnerais. — S'il t'a prêté un baiser, cours à lui pour le lui rendre. — Ma fille, je suis ton mari, je suis ton amant, ma fille. — Si tu es mon mari, si tu es mon amant, montre que tu connais la maison avant que je te l'ouvre. — Il y a un pommier près de la porte, et dans la cour, une vigne qui donne des raisins roses et un vin doux comme le miel. Les janissaires qui le boivent s'animent au combat, et le pauvre qui le goûte oublie sa misère. — Cela, tout le voisinage le sait, et c'est connu à la ronde. Montre que tu connais ma personne, avant que je t'ouvre. — Tu as un signe sur la joue, un autre sous l'aisselle et une petite morsure sur le sein droit. — Courez, mes bonnes, ouvrez, ouvrez! c'est bien mon amant et mon mari.

XX

LA RECONNAISSANCE

Un brave klephte, un beau pallicare s'avance, d'ombre en ombre, de tige en tige, pour éviter la poussière et la chaleur du soleil.

Il arrive aux fontaines froides pour y faire boire son coursier. Une jeune femme y puisait de l'eau avec un seau d'or.

Elle puisa quarante seaux sans qu'il vit ses yeux; après le quarante-deuxième, il l'aperçoit tout en larmes.

Qu'as-tu, jeune fille? pourquoi ces chagrins et ces profonds soupirs? — J'ai mon mari à l'étranger depuis dix ans, je l'attendrai trois ans, puis trois ans encore; s'il ne revient pas et s'il ne paraît plus, alors je me ferai religieuse et je m'enfermerai dans un couvent pour y porter e deuil, etc., etc., etc.

XXI

L'ORGUEILLEUSE

Entre deux mers [1] est une tour solidement fondée. Là, une blonde jeune fille, assise, arrange, forme et reforme les colliers dont elle se pare.

Puis elle s'en prend au soleil et lui dit :

— « Lève-toi, soleil, lève-toi, pour que je me lève. —

— « Mon pauvre soleil, quand tu luis, tu ne flétris que
« des herbes. —

— « Et moi, soleil, quand je parais, je fais languir les
« jeunes gens. »

---

[1] Cette tour, placée entre deux mers, me remet en mémoire, non pas seulement le château d'Abydos sur l'Hellespont où, dans mes jeunes rêves, je me figurais apercevoir Héro captive et inquiète (*Souvenirs de l'Orient*, t. I, page 53), mais encore le rocher situé quarante lieues plus loin, si improprement nommé par les Européens, la tour de Léandre, à l'embouchure du Bosphore de Thrace. Cet écueil que les Turcs appellent Kys-Koulessi (tour de la fille), et dont quelques kaïkdgis, ignorant la légende, ont fait Kys-Skelessi (échelle de la jeune fille), a servi de prison à une princesse anonyme du Bas-Empire ; et elle remonte, avec sa construction bizarre, à une origine qu'on cherche encore. On va lire la même légende plus développée dans le chant qui suit.

XXII

LA JEUNE FILLE ET LE SOLEIL

Au milieu des trois mers,
— O ma petite rose rouge ! —
Est une tour solide ;
— O mon orange peinte !
Une jeune fille y est assise.
— O ma petite rose rouge ! —
Elle arrange de petites monnaies,
— O mon orange et mon citron ! —
Elle les arrange, dérange et rarange :
— O ma petite rose rouge ! —
Elle en fait neuf rangs ;
— Et elle me fait perdre l'esprit. —
Elle en met cinq à son col,
Et les quatre autres à ses bras ;
— O mon orange et mon citron ! —
Puis elle s'en prend au soleil,
— O ma petite rose rouge ! —
Et elle gronde le soleil,
— O mon orange et mon citron !
« Parais soleil et je paraîtrai ;
— O ma petite rose rouge ! —
« Brille et je brillerai.
« Je brûlerai bien des cœurs ;
« Je brûlerai les jeunes gens ;

« Je brûlerai les jeunes filles, »
— O ma petite rose rouge ! —
« Je brûlerai les pallicares. »
— O mon orange et mon citron ! —
« Je brûlerai celui que j'aime. »
— O ma petite rose rouge ! —
« Jusque dans les dernières fibres de son cœur. »
— O mon orange peinte ! —

XXIII

LA JUIVE

Un samedi soir, tout près du dimanche, j'étais allé me promener dans le quartier juif. J'y rencontre une jeune juive toute seule et lui dis :

— Viens, jeune fille, fais-toi chrétienne, — Baigne toi le samedi pour te parer le dimanche. —

— « O ma mère, voilà un Grec qui me dit de devenir « chrétienne, — de me baigner le samedi, pour me parer « le dimanche. » —

— « Chère fille, j'aime mieux te voir percée du sabre « d'un Turc, que si, comme tu le dis, tu devenais chré- « tienne, — et te baignais le samedi, pour te parer le « dimanche. » —

XXIV
LE MANCHOT

Là-bas, près de ce marbre éblouissant, un jeune homme taille un bloc avec une seule main.

Une jeune fille blonde passe et le salue :

— « Qu'as-tu donc, mon pauvre jeune homme ? Pour-
« quoi travailles-tu d'une seule main ? » —

— Pour avoir donné un seul baiser à une jeune blonde, on m'a coupé une main. Pour un baiser à une autre blonde, je consens qu'on me coupe l'autre, et qu'on dise à ma mère : Voilà votre fils deux fois manchot !

XXV
LA PERDRIX

Une perdrix se vantait, au soleil levant et couchant, de n'avoir pas encore trouvé de chasseur pour la prendre.

Un chasseur, qui l'entendit, s'en irrita ; il met des lacs sur le rivage, des gluaux dans les champs, et des collets de soie à la fontaine Chioné.

La perdrix vint pour y boire, et fut prise par le col. — « Chasseur, délivre-moi, le mal me prend et je m'éva-
« nouis. » — Et comme il la délivre, avec tous ses maux et ses évanouissements, elle tire de l'aile et s'enfuit : « O
« chasseur, mauvais chasseur, qui laisses aller une telle
« perdrix ! de plus fins que toi sauront la prendre. »

XXVI

MELPOMÈNE

C'était la belle saison; c'était un beau point du jour, quand Melpomène vint au bord de la mer pour voir le ciel, respirer l'air rafraîchi, et jouir de la brise du matin et de l'aurore.

Là, sur le rivage, un nautonier blond nage avec sa rame comme un cygne, et chante doucement. La jeune fille dit au nautonier d'une voix gracieuse : — « Jeune « blond, passons l'eau avec ta rame.

« Passons, mais non, arrête-toi, car je n'ai pas d'ar-« gent. » — Entrez toujours, répond-il, qu'importe? Vous êtes Melpomène, la belle au corps d'ange. — Et le nautonier rame en lui jetant d'amoureux regards.

Puis il la prie de dire à ses parents que le nautonier blond l'aime et la demande. — « Rame toujours, jeune « blond, lui dit-elle, rame bien et espère.

« Arrivons vis-à-vis, avant que le soleil se lève; pour « que je puisse cueillir des roses et des fleurs avec la « rosée de l'aurore. » — Depuis que le blond est en compagnie de Melpomène, il rame avec plus d'ardeur.

L'un tient la rame, l'autre le gouvernail de cette barque qui doit finir leurs tourments. La douce haleine de l'amant et de l'amante donne au rameur des ailes pour arriver le premier.

XXVII

LA JEUNE VEUVE

Une jeune fille chantait du haut d'une belle fenêtre. Tous les vaisseaux qui l'entendent jettent l'ancre, et portent la corde à terre.

Un vaisseau formidable, un vaisseau de guerre ne serre pas ses voiles, et ne veut pas mouiller.

— « Serre tes voiles, ô vaisseau, serre et amène tes « voiles. La chanson que je chantais, je l'ai dite en guise « de complainte.

« J'ai un mari qui est malade et qui est tout près de « mourir. Je suis allée chercher un remède que je sais « pour qu'il le prenne et guérisse ; de l'onguent de biche « et du lait de chèvre sauvage.

« Or pendant que je gravis la montagne et redescends « dans la plaine pour atteindre l'endroit et la bergerie où « je trouverai la biche, mon mari s'est marié et a pris une « autre femme :

« Il a pris pour épouse la terre et pour belle-mère la « pierre du tombeau. »

XXVIII

LE CHASSEUR

— Réveillez-vous ! ne dormez plus, ô mon serin doré ; réveillez-vous pour entendre comme je chante.

Je me suis bien réveillé, moi pauvre affligé, et j'ai pris mes armes pour aller à la chasse ; à la chasse des lièvres et des perdrix, pour tuer des oiseaux et vous les offrir, mon angélique beauté.

Voilà qu'il tombe une petite pluie fine qui me contrarie, et je ne puis trouver de lit pour me coucher.

Quand tout à coup j'aperçois une tour brillante comme le soleil, et une jeune fille qui l'habite et chante doucement.

Son gazouillement me parut dire ainsi :

— « O vous, jeunes filles et jeunes garçons, réjouissez-« vous, profitez du temps, vous qui en avez, n'attendez « pas qu'il passe ; il s'en va bien vite et ne revient plus. »—

Ainsi fuit la jeunesse, ô mon serin doré ; elle se flétrit, s'envole et ne revient pas.

XXIX

LA MAUVAISE CHANCE

Je venais de la ville et des îles, et je passais dans son voisinage. — Elle arrosait son basilic; et donnait de l'eau à sa fleur de menthe. — Elle en coupa un petit brin, me le donna et dit une parole qui me ravit. — « Holà! fils
« de la Morée, si tu m'aimes, pourquoi passer et repas-
« ser sans rien dire? Envoie les entremetteuses de ma-
« riage à ma mère, et les courtiers à mon père. » —
Ils ont chassé les courtiers et injurié les entremetteuses.

XXX

L'ADIEU AU MATELOT

Cette pierre où tu mis le pied pour entrer dans ta barque, je veux aller la retrouver pour la baigner de mes pleurs. Et là où tu vas, mon doux oiseau, partout où tu jetteras l'ancre, bien des jeunes filles te verront, et tu m'oublieras.

Oh! si tu m'oublies, mes doux yeux, et que tu choisisses une autre compagne, puisses-tu être vendu en Barbarie esclave! qu'on te mette aux fers et la chaîne au cou! afin que tu avoues, au milieu de tes sanglots, que tu la portes à cause de moi.

XXXI

LE MATELOT DU BOSPHORE

Mars et mai sont arrivés. Les hirondelles sont revenues, et les tourterelles s'abattent aux fontaines, paire par paire.

Pour moi, toujours sans amie, le printemps ainsi que l'été, je pleure et ne fais que me frapper la tête contre ces roches étrangères; comme la mer frappe le rivage quand le temps s'éclaircit.

Je ne trouve de compagne nulle part autour de moi, pour le malheur de mon âme. J'ai beau regarder dans les vents, je ne vois que des nuages noirs.

Heureux nuages! si vous allez dans ma patrie, saluez en mon nom les jardins du Bosphore.

XXXII

CHARON ET SA MÈRE

Charon se chauffait en dehors de sa maison et au clair de lune.

Sa mère l'interroge, sa mère lui dit : Mon fils, à la chasse où tu veux aller, et dans ta tournée, ne prends pas les mères avec leurs enfants, et les frères avec les sœurs;

ne prends pas de jeunes fiancées et des mariés tout jeunes.

— Là où j'en trouve trois, j'en prends deux. Si j'en trouve deux, j'en prends un.

— Et si je n'en trouve qu'un, celui-là aussi je l'emporte.

XXXIII

CHARON ET LES AMES DES MORTS

Pourquoi les montagnes sont-elles affligées? pourquoi demeurent-elles obscurcies? Est-ce le vent qui leur fait la guerre, ou la pluie qui les bat? Ce n'est ni la pluie qui les bat, ni le vent qui leur fait la guerre. C'est Charon qui les traverse avec les morts.

Il pousse les jeunes en avant, les vieux par derrière, et il tient enfilés sur sa selle les petits enfants délicats.

Les vieillards le prient, les jeunes gens l'implorent. « Cher Charon, campe au village, campe à la fontaine « froide, pour que les vieux y boivent, que les jeunes y « jouent au disque, et que les tout petits y ramassent « des fleurs. »

— Je ne m'arrête ni au village, ni à la fontaine froide, les mères n'auraient qu'à crier, puis elles reconnaîtraient leurs enfants : les ménages se rejoindraient, et il n'y aurait plus de séparation possible. —

XXXIV

CHARON ET LE BERGER

La voyez-vous, cette montagne si grande et si haute qui a des nuées à sa cime et de la brume à ses pieds? Un berger dégringolait de ses sommets; il a sa calotte de travers, et le rouleau de son turban serré. Charon, qui l'épiait du haut d'une roche, descend le défilé, et l'y attend.

— Bonjour, mon Charon. —

— Bonjour, mon garçon. D'où viens-tu, garçon? Garçon, où vas-tu?

— Moi? je viens de mes brebis; je vais chez moi chercher ma provision de pain, et je m'en retourne.

— Et moi, mon garçon, Dieu m'a envoyé pour prendre ton âme.

— Mon âme? je ne la livre pas ainsi : je ne suis ni faible, ni malade. Eh bien! voyons donc, luttons sur l'aire de marbre. Si je suis vaincu, mon Charon, tu auras mon âme; si je suis vainqueur, j'aurai la tienne. —

Ils se sont saisis; ils ont lutté trois jours, deux nuits; et à la troisième aurore, à la petite pointe du matin, le garçon porte une botte qui met Charon en colère. Charon le tire par les cheveux, le terrasse; on entend le jeune homme soupirer et gémir profondément.

— Laisse-moi, Charon, laisse-moi trois jours encore. Deux jours pour manger et boire, l'autre pour me promener. J'ai à voir mes amis et mes parents; j'ai une femme trop jeune pour être veuve ; j'ai deux enfants tout petits aussi; il ne faut pas qu'ils restent orphelins. Mes brebis ne sont pas tondues, et mon fromage est encore dans la terrine. —

Et voilà que, vers l'heure du repas du soir, Charon l'acheva.

XXXV

LES MAUVAISES SŒURS

Mes méchantes belles-sœurs m'appellent fainéante.

Tandis que je file, dévide et pelotonne tous les cinq mois cinq quenouilles toutes pleines.

Cinq mois, cinq quenouilles! Puis-je donc mieux filer que cela, pauvre fille!

XXXVI

L'HIRONDELLE ET LA COLOMBE

Je deviendrai une petite hirondelle pour me poser sur ton cou.

Ou bien une colombe délicate pour voler sur ton épaule.

Et pour becqueter le signe que tu as sur le visage.

XXXVII

LE MARIN

O mes yeux noirs et doux, pourquoi vous fâchez-vous contre moi?

Quand vous êtes arrivée, mon petit oiseau, vous m'êtes apparue telle qu'un ange.

(O mon vaisseau, mon vaisseau, je n'ai plus d'espoir qu'en toi!)

J'oublie beaucoup d'autres amours, pour vous, mon amour absent.

O venez, mon oiseau, ne tardez pas! Mettez-vous en route pour me voir.

Allons, courage, mon oiseau, venez! et tout mon cœur vous salue de loin.

(O vaisseau des vaisseaux, tu es l'honneur de tes pallicares.)

Si je ne dis pas la vérité, frappez-moi d'un coup qui m'arrive au cœur.

Serdi-Keui [1], tu es un beau village, et je ne crains pas ta solitude.

(O mon vaisseau de Venise, ne va pas te faire renégat.)

Vois cette ingrate, elle est douce comme du sucre.

(Le navire est fait pour naviguer, et l'amour pour se montrer.)

Avancez-vous à la fenêtre, avancez-vous, beaux yeux qui me rendez fou.

Tout mon chagrin n'est que cela : un profond soupir d'amour!

---

[1] *Serdi=Keui*, village sur le Bosphore, dans la rade de Sténia.

XXXVIII

LE BRIGAND

Mes bêtes montaient lentement avec moi la montagne au milieu des défilés, des forêts et des ravins : et voilà que tout à coup j'aperçois un voleur, le sabre à la main, posté près du ruisseau, là, dans ces fourrés humides.

« Hélas! que vais-je devenir! J'ai bien peur d'être perdu
« pour jamais dans cette montagne. »

La mine sévère, sauvage et effrayante de cet homme, comme sa haute taille, m'a fait frissonner jusqu'au fond de l'âme; et tout aussitôt six ou sept grands garçons sont sortis du bois, vêtus très-salement, et le sabre nu.

« Ah! malheureux! malheureux! Quel effroi de me
« trouver là en un tel moment! »

Ils se précipitent sur moi comme des aigles, avec le voleur, et ils attachent fortement mes mains avec des branches d'arbres. Puis, si vous vous adressez à lui pour essayer de l'attendrir, il ordonne en vrai tyran que l'on vous dépouille.

« Hélas! que vais-je devenir? J'ai bien peur d'être là
« pour jamais perdu dans cette montagne. »

Il vous donne en garde à quelque horrible épée; et vous demande pour rançon cinq bourses d'or!

« Ah! malheureux! malheureux! Quel effroi de me
« trouver là en un tel moment! »

XXXIX

LE CAVALIER

— DE RIZO RANGABÈ —

I

Un sabre à la ceinture, mon cheval avec moi, je vole comme un oiseau ; et pourvu que je décharge mon fusil, je ne demande pas à la fortune ce qu'elle me garde.

II

Si la destinée veut que je rencontre une balle maintenant, je l'attends de pied ferme. Si elle me la réserve pour demain, jusqu'alors je ne m'en soucie ; et je ne me réjouis pas moins aujourd'hui.

III

Si celui-ci est un flatteur, si cet autre est un esclave, et le troisième un tyran, le guerrier n'est ni serviteur, ni maître : il est libre, il est indépendant.

IV

Quand les coups de sabre m'appellent, quand le canon gronde, je chante et je ris : sur mon cheval je brave et je franchis les précipices de la route la plus ténébreuse.

V

Le monde m'appartient, et j'appartiens au monde ; je vais comme il va. En toute rencontre, je regarde toujours en avant et ne retourne jamais en arrière.

VI

Ne pleurez pas, ma belle enfant, parce que ma route me conduit loin de nos montagnes ; je trouve des belles partout, et ne m'arrête nulle part. Ma patrie, c'est la terre entière.

VII

La fusillade siffle. Charon promène sa faux. Bucéphale, en avant ! Quand il pleut des balles, quand le sang coule, en avant ! qui donc pourrait m'arrêter ?

VIII

Et si le jour arrive où le monde doit finir au bruit de la bataille ; riant comme j'ai toujours ri, mourant comme j'ai toujours vécu, je dirai adieu à la vie.

XL
INVOCATION AU PRINTEMPS

O printemps qui donnes la vie, saison favorite de la nature, charmante jeunesse de l'année. Tes zéphirs féconds, comme des peintres habiles, émaillent de mille couleurs les champs humides de rosée. La marjolaine parfume l'air, le basilic l'embaume : le ciel rit, la mer étincelle. Une divine sérénité s'étend et se manifeste au loin. Les matelots ont retiré leurs ancres à bord ; et, déployant leurs voiles heureuses, ils font résonner leurs lyres inspirées.

XLI
LA PATRIE

Oui, le chant de mon pays revient le premier sur mes lèvres. Ma patrie est mon amie, mon amante, ma nourrice aussi.

O ma patrie, si je t'oublie jamais, que la flamme aussitôt me consume ! qu'un terrible coup de foudre mette mes pieds en cendres !

Je la vois dans mes songes, et quand je me réveille, son image s'enfuit. Hélas ! cette ville barbare où je suis n'a pour moi nul attrait.

O ma patrie, si je t'oublie jamais, que la flamme aussitôt me consume !

XLII

PRÉSENCE ET SOUVENIR

OU LA DOUBLE CHANSON

LE PREMIER MATELOT. — Avez-vous vu l'arbre vert ?

LE SECOND. — O belle blonde aux yeux noirs !

LE PREMIER. — Qui a des feuilles d'argent,

LE SECOND. — Aux yeux noirs et aux noirs sourcils !

LE PREMIER. — De l'or à son sommet,

LE SECOND. — Jeunes filles en larmes !

LE PREMIER. — Et, à ses pieds une fontaine où celui qui boit perd la mémoire.
Je me suis baissé pour y boire,

LE SECOND. — Ah ! par l'amour qui me consume !

LE PREMIER. — Pour y boire, et pour y puiser.

LE SECOND. — Laissez-moi baiser vos yeux noirs...

LE PREMIER. — Mon mouchoir est tombé,

LE SECOND. — Oh ! comme mes lèvres brûlent ?

LE PREMIER. — Mon mouchoir brodé de soie, mon mouchoir qui était ma joie à moi, pauvre malheureux ! car, là où on l'avait brodé chantaient de jeunes filles ; trois jeunes filles vierges, pareilles aux cerises du mois de mai.

XLIII

LA COLOMBE

O ma douce jeune fille,
Charmante colombe,
Comment es-tu renfermée
Si tristement?
— Oh! vraiment renfermée
Dans ma cage!
Je me remue sous mes barreaux
Comme si j'étais un oiseau. —
Je veux et j'ai souhaité,
Belle colombe,
Briser tes fers
Et te rendre la liberté.
Je l'ai voulu et souhaité,
O mon tendre oiseau,
Mais que puis-je faire
Par le temps qui court?
Ainsi donc, je t'en supplie,
Prends patience,
Jusqu'à ce que l'heure arrive
Et le moment favorable.
Ne redoute pas la mort;
Ne regrette pas tes parents:
Tu ne seras qu'avec moi,
Contente et heureuse.

XLIV

CHANT POUR CEUX QUI VONT A L'ÉTRANGER

« Mon pauvre étranger, dis-moi pourquoi ton mouchoir est sale?

— Les pays étrangers l'ont sali, et il l'est encore.

— Donne-le-moi, étranger, donne-le-moi ; donne que je le lave.

— Il n'y a pas d'eau ici ; on n'y vend pas de savon ; laisse-le, ma fille, laisse-le comme il est.

— Donne toujours, étranger, donne toujours ; je veux le rendre blanc comme du marbre.

Mes larmes seront l'eau ; ma salive, le savon ; et mon sein, la table de marbre où il blanchira.

Je ne veux pas que ta mère le voie ainsi, ni tes sœurs. Elles pleureraient et diraient :

« Voilà comme ils souffrent loin du pays, tous ceux
« qui vont chez l'étranger !

« Ils y passent la vie aussi mal que des enfants or-
« phelins. »

XLV

L'AMOUREUX MALTRAITÉ

Malheureux que je suis ! je me suis levé un beau matin avec la rosée; j'entre dans un jardin pour regarder et m'amuser.

J'y vois une toute petite porte qui demeurait ouverte à demi; et en dedans une jeune fille, belle à peindre.

Je lui ôte mon chapeau, la salue deux fois, et lui dis qu'avec sa permission j'aurais deux petits mots à lui dire.

Elle me repousse, ferme la porte au verrou; et sa servante me crie : « Tu n'es pas fait pour elle ! »

Je tombe ; je m'évanouis ; les voisins s'emparent de moi. — Elle ne songea pas même à faire avertir le médecin.

XLVI

L'AMOUR MARIN

Maudit celui qui a suspendu la pomme à la fontaine ! La pomme était empoisonnée, et ensorcelée la fontaine.

Elles ont aussi ensorcelé celle que j'aime, et m'ont ravi celle que je veux.

Celle que j'aime porte un sac, celle que je ne veux pas porte une robe, et pourtant l'une me paraît plus belle avec son sac que l'autre avec sa robe.

L'amour est un lourd fardeau à soutenir. J'essaye de fuir, je ne puis ; je m'assois alors, et je pleure. Quand je le jette, il ne s'en va pas. Quand il s'égare, il se retrouve.

Si je le jette au fleuve, il trouble l'eau du fleuve ; si je le jette à la mer, il démâte les vaisseaux.

Il veut la mer pour sa cour, les navires pour y habiter, et les belles vagues pour voisines.

XLVII

L'AMOUR DE LONGUE DURÉE

Mère, le ciel se fend ; les astres éclatent ; et, à cette fente du ciel, une pierre est suspendue.

O pierre, pierre sacrée, ne va pas tomber sur moi, et m'écraser !

Elle est tombée et m'a trouvé surchargé de bien d'autres chagrins.

J'ai porté quarante ans le fardeau de la pierre, et cinquante-deux ans l'amour de la fille.

XLVIII

LE SERVITEUR MÉCONTENT

Je suis un enfant orphelin, un enfant orphelin; j'avais pour mère une veuve, nourrice d'une Domnitza[1]...

Elle me mit d'abord dans la maison et aux gages d'une demoiselle;

Je passai ensuite au service d'une dame avec laquelle je tombai d'accord de mes gages.

Je la servis douze ans, oui, douze ans, ma mère; et la treizième année, je lui demandai mon compte.

« Donnez-moi mon compte, madame, et le prix de mon « service; car je n'y puis plus tenir. »

Il faut lui porter pendant tout l'hiver de l'eau froide de la fontaine du Pacha. (Qui donc s'est avisé de construire cette fontaine?)

Il me faut lui laver les pieds, ses pieds décharnés, dans un bassin d'or. (Que la terre noire les dessèche!)

Il me faut étendre deux lits, deux matelas et deux draps blancs. (Que deux cadavres y couchent!)

---

[1] *Domnitza*, titre qu'on donne, à Constantinople, aux filles d'une princesse grecque, *Domna*.

XLIX

PAPPANTONIS

Dans le jardin de l'Aga, il y a un rossignol qui chante ainsi pour Pappantonis :

« Je vous l'ai dit, mère, mariez-moi ; donnez-moi un
« maître au logis. Ne me donnez pas un vieillard, vous vous
« en repentiriez ; car un vieillard regarde à tout. Où est la
« farine ? où est le sel ? où sont les œufs de la semaine, et
« ce qui reste du souper ? — Que sont les amusements
« d'un vieillard ? comme des oignons cuits à l'eau. Et
« leurs mignardises ? comme des épinards bouillis. — Que
« sont les cajoleries d'un jeune homme ? Ce sont de vraies
« noix muscades. »

L

LES FILETS DE SOIE

Une petite perdrix venait se baigner ; je la salue comme elle sort du bain ; et elle ne prend pas garde à moi.

Je vais tendre des baguettes dans les collines, des lacets dans les plaines, et les filets de soie aux fontaines de marbre.

La perdrix voudra y boire, et s'embarrassera dans les filets.

Bienvenue soit la perdrix ! elle m'a donné de la peine ; mais enfin elle est arrivée, et elle a embelli ce désert.

LI

LA PETITE BRUNETTE

I

Ah ! toutes les brunes m'ont donné un baiser. Et je n'ai trouvé doux que le baiser d'une seule brune. Oh ! la petite brunette !

II

Ah ! je monterai dans la montagne pour y faire un jardin ; un jardin et un verger, pour y planter une belle vigne. Oh ! la petite brunette !

III

Les brunes y viendront manger du raisin, et du raisin muscat, cueillir des fleurs et des roses ; oh ! la petite brunette.

IV

Ah ! voilà qu'elles se montrent à la fenêtre, parbleu ! vêtues de blanc, de blanc et de rouge, le baiser sur les lèvres. Oh ! la petite brunette !

V

Et la dispute s'échauffe entre les plus belles des brunes. C'est la brunette qui l'a emporté ; c'était bien sa destinée. Oh ! la petite brunette !

LII

L'ARBRE AUX FEUILLES D'OR

Un arbre j'a — folle Diamanto,
Un arbre j'avais dans ma cour.
J'avais un arbre dans ma cour,
Qui était toute ma consolation.

Et je ne sa — folle Diamanto,
Et je ne savais quel arbre.
Et je ne sais quel arbre il est;
Car il a des feuilles d'or,
Car il a des feuilles d'or
Et des rameaux d'argent —

Et à sa ra — folle Diamanto,
A sa racine une fraîche fontaine;
Une fraîche fontaine à sa racine.
Qui donc me dira ce que c'est?

Je me suis penché pour y boire,
(J'aime ses yeux, ses deux beaux yeux,
Pour y boire, y remplir mon tonneau,
Et donner un baiser à la jeune fille.
Qui donc me dira ce que c'est?

SIXIÈME PARTIE

COMPLAINTES

I

LA BICHE ET LE SOLEIL

Au clair de lune, toute une nuit triste et solitaire, et le matin avec la rosée, jusqu'à ce que le soleil la dissipe, les cerfs courent dans les montagnes, et les faons avec eux ; une biche désolée ne va pas avec les autres ; elle ne se promène que sous l'ombre la plus épaisse, se couche à part ; et, si elle trouve une eau limpide, elle la trouble avant d'y boire. Le soleil la rencontre, s'arrête et la questionne.

— Ma biche, qu'as-tu ? pourquoi ne vas-tu pas avec les autres ? Pourquoi te promener sous l'ombre épaisse et te coucher à part ?

— Mon soleil, puisque tu me le demandes, je vais te le dire : J'ai passé douze années dépourvue de faon ; mais après ces douze ans, j'en obtins un. Je l'ai nourri, je l'ai élevé, j'en ai joui deux ans. Voilà que le chasseur le rencontre, tire et le tue. Malédiction sur toi, chasseur, et sur tout ce que tu aimes ! C'est toi qui m'as privée de mon enfant et de mon mari.

II

LES PLAINTES DE LA MÈRE

Celui qui veut entendre des gémissements et de tristes complaintes, qu'il aille aux châteaux de la Morée, et dans les quartiers de la ville, où la mère pleure l'enfant, et l'enfant la mère. Assises à leur fenêtre, elles considèrent la mer, se tourmentent comme de petites perdrix, se déplument comme des canes ; leurs habits sont devenus noirs comme les ailes du corbeau. Elles regardent venir les canots, les navires arrivés :

— Navires, canots, et vous barquettes, n'avez-vous pas vu Ianni, Ianni mon fils ?

— Si je l'ai vu ou rencontré, comment le pourrais-je savoir ? Donnez-moi son signalement. Peut-être que je le connais.

— Il était grand, élancé, droit comme un cyprès. Il avait au petit doigt une superbe bague, mais plus que la bague brillait le doigt.

— Hier au soir nous l'avons vu sur les sables de Barbarie, des oiseaux blancs le mangeaient ; des noirs l'entouraient. Un oiseau, un bon oiseau ne voulait pas manger ; et celui-ci lui disait de ses lèvres mourantes : « Mange, « oiseau, bon oiseau, des épaules d'un brave, pour que « ton aile grandisse d'une aune, et ta griffe d'un empan. « J'écrirai sur tes ailerons trois lugubres billets, l'un à ma « mère, l'autre à ma sœur ; le troisième, le dernier, qu'il « soit pour mon amie ! Ma mère lira le sien, et ma sœur « pleurera ; ma sœur lira le sien, et mon amie pleurera ; « mon amie lira le sien, et le monde entier pleurera. »

III

LA MORT DU PILOTE

Celui qui a une fille nubile, et qui veut la marier, qu'il la donne à un vieillard plutôt qu'à un jeune marin; le marin accablé par la destinée, en butte à tous les maux, s'il dîne, ne soupe pas, s'il fait son lit, point ne se couche. Pitié pour ce jeune homme qui est là malade à la proue du navire; il n'a pas de mère pour le soigner, de père pour le plaindre. Il n'a frère, sœur, ni personne au monde, mais le capitaine et le maître du vaisseau : — allons notre matelot, lève-toi, notre pilote, viens calculer le moment de l'entrée au port. — Je suis malade, vous dis-je, et vous me répondez, lève-toi. Eh bien ! tenez-moi, que je me dresse; soutenez-moi que je m'assoie; assujettissez ma tête avec deux ou trois mouchoirs; et le mouchoir brodé de mon amie serrez-le sur mes joues; apportez ma carte, ma carte maudite. Vous voyez cette montagne, de ce côté-ci et de l'autre, qui a un nuage à sa cime et de la brume au pied; allez mouiller là, il y a bon fond. Les petites ancres à droite, les amarres à gauche, et la grande ancre au sud. — Je prie le capitaine et le maître du vaisseau de ne m'enterrer ni à l'église, ni au monastère, mais sur le bord du rivage sous le sable, là où descendent les matelots, pour que j'entende leurs voix ! Adieu, mes camarades, et vous maître du navire! et toi mon doux *levez l'ancre*, et mon plus doux *mouillez*. — Ses yeux s'éteignent; ils s'éteignent, et il meurt.

IV

LA SÉPARATION

Ouvre-toi, cœur affligé ; lèvre désolée ouvre-toi, et dis-nous quelque chose qui nous console. La mort a des consolations, et Charon sait compatir. Mais de la séparation, rien pendant la vie ne soulage. La mère quitte son enfant, l'enfant la mère, les ménages les plus unis se séparent. De l'autre côté de cette montagne si haute et si vaste, qui a un nuage à la cime et de la brume aux pieds, deux frères dorment ensevelis. Au milieu de leurs monuments pousse une vigne qui fait des raisins rouges, et un vin empoisonné. De toutes les mères qui en boivent, aucune n'a plus d'enfant. Plût à Dieu que ma mère en eût bu, et qu'elle ne m'eût pas fait naître !

V

LE CYPRÈS

O mon oiseau d'ivoire, ô mon oiseau malheureux ! là où tu veux aller, et aller pour passer l'hiver, il n'y a ni de petits rameaux, ni de petite herbe. J'en ai parcouru les champs, et n'y ai vu qu'un cyprès. En mai il fleurit, et en été il donne un fruit nouveau comme la vigne : celui qui le coupe se blesse ; celui qui le boit meurt, et celui qui l'emporte chez lui y perd son âme.

VI

LA VEUVE A SON FILS ÉLOIGNÉ

O mon pauvre oiseau, si regretté, tu t'amuses sur le sol étranger, quand tu me fais tant souffrir. — Si j'envoie une lettre pour apprendre à mon enfant tout ce que mon cœur a soif de lui dire, elle se perd, et ne le trouve pas. — Si j'envoie une pomme, elle se dessèche; une fleur, elle se flétrit. — Si j'envoie mes larmes dans un voile léger, mes larmes sont brûlantes et consument le voile. — O ma belle lune! lune brillante qui fais le tour du monde, qui d'en haut où tu te promènes vois les choses d'en-bas où nous sommes; n'as-tu pas aperçu mon fils, mon enfant chéri? — Quels yeux le regardent, quand les miens pleurent? — Quelle bouche lui parle, quand la mienne gémit? — Quel cœur peut le réjouir, quand le mien se brise? — Quelles mains peut-il serrer, quand les miennes tremblent? — Sois maudite, terre étrangère, pour le mal que tu fais! — Tu m'as enlevé mon mari, tu m'as fait veuve. — Tu m'as ravi aussi mon pauvre oiseau, il y a bientôt douze ans. — Sois maudite, terre étrangère; et maudits soient les Turcs qui ont rendu ma maison déserte, et m'ont revêtue d'habits de deuil!

VII

LES PARENTS ET LEUR FILLE

Ah! ma fille, pourquoi donc as-tu résolu de descendre dans l'autre monde?

Là, le coq ne chante pas, ni la poule ne glousse.

On n'y trouve pas d'eau ; jamais l'herbe n'y croît.

Si tu as faim, tu n'y manges pas ; si tu as soif, tu n'y peux boire.

Et quand tu veux sommeiller, tu n'y dors pas ton soûl.

Reste dans ta maison, reste avec tes parents, ma fille.

— « Je ne le puis, mon père ; mère bien-aimée, je ne le
« puis.

« Je me suis mariée hier ; hier dans la soirée bien
« tard.

« L'autre monde, c'est mon mari : ma belle-mère,
« c'est la tombe. »

VIII

IRÈNE [1]

I

Pleurez amèrement, sensibles jeunes filles ; pleurez amèrement, filles amoureuses, la mort cruelle d'une déesse de beauté.

II

C'est Irène, la belle des belles, Irène qui, pour échapper à un tyran, boit le poison, et le boit jusqu'à la mort.

III

« O mon amour chéri, c'est pour toi que je meurs ! Malheureuse que je suis ! Je perds la vie pour toi ; et toi, le plus barbare des hommes, tu ne me regrettes pas !

---

[1] La traduction en dialecte vénitien de cette légende se chante encore dans l'Adriatique, *Pianzete amabili*, etc., etc., et donne à cette tradition une origine ancienne et obscure; on pense qu'il s'agit d'une certaine Irène de Corfou, qui s'empoisonna pour échapper à son persécuteur.

IV

« O belles jeunes filles, habillez-vous de deuil dans votre profonde douleur, et parez-vous des branches vertes du laurier et du myrte.

V

« Mère, pourquoi pleures-tu ? Je te laisse et te recommande à Dieu. Quant à moi, pour fuir un tyran, je bois le poison, et je le bois jusqu'à la mort.

VI

« O pauvre mère, veuve infortunée, la fille si belle qui te quitte et meurt va dans l'autre monde, et t'attend.

VII

« Pleure-moi, cœur impitoyable ! Comment ? tu ne me pleures pas ? Ne te souvient-il plus de tout ce que j'ai souffert ?... Maintenant tu me perds pour l'éternité... »

VIII

Quand on a enseveli la pauvre Irène, tous ont gémi, petits et grands ; et tous ont pleuré douloureusement sur l'infortunée.

IX

LES ADIEUX DE LA FIANCÉE

Des souffrances telles que le soleil n'en vit jamais, comment les médecins les guériraient-ils ?

Ils se disent l'un à l'autre qu'elle ne peut plus vivre.

Elle serre sur son cœur la main de son père, et lui dit :
— « Hélas ! mon père, je vais mourir. »

Elle serre sur son cœur la main de sa mère, et lui dit :
— « Hélas ! ma mère, je vais mourir. »

« Amenez-moi mon ami que je l'embrasse, et prenne
« congé de lui avant de quitter la vie. »

Son ami vient ; elle se penche sur lui, l'embrasse, et tout bas, tout bas, elle dit des mots à son oreille.

— « O mon ami, quand je serai morte, ornez ma tombe,
« comme vous vouliez orner mon lit le jour de mes
« noces ! »

Après avoir prononcé ces mots, elle expire.

Sa mère et sa sœur accourent ;

Mais elle ne leur parle plus !...

X

EUPHROSINE [1]

Écoutez ce qui est arrivé à Iannina sur le lac, où on a noyé les dix-sept, et la dame Phrosine.

— Ah! Phrosine, si renommée! comme tu as souffert, malheureuse! —

Aucune autre ne sortit jamais avec un cachemire de Lahore. Phrosine seule le porta pour aller aux bains.

— Ah! Phrosine, si renommée! précipitée dans le lac! —

Ne te l'ai-je pas dit, ma pauvre Phrosine? ne mets pas au doigt ton anneau. Si Ali-Pacha [2] l'apprend, il te jettera dans le lac.

— Ah! Phrosine, ma maîtresse, tu as emporté ma vie! —

« Si vous êtes Turcs, je vous donnerai mille piastres. « Laissez-moi aller dire deux mots à Mouctar-Pacha [3]. »

---

[1] Au commencement de ce siècle, Euphrosine, femme grecque de Iannina, avait attiré les regards de Mouctar, fils d'Ali-Pacha et, dit-on, d'Ali lui-même. Longtemps incorruptible, elle céda enfin aux vœux du fils, et se vanta, dans les bains publics, de sa conquête. Le père, averti de cet imprudent propos par les épouses de Mouctar, fit noyer Euphrosine avec dix-sept autres jeunes femmes d'Iannina.

[2] *Ali-Pacha*, Ali-Tébélen, tyran de l'Épire.

[3] *Mouctar-Pacha*, fils d'Ali-Tébélen.

— Ah! Phrosine, ma maîtresse, tu as emporté ma vie!

— « Lève-toi, pacha, je t'en prie; cours vite vers ton « père, adresse-lui ta prière pour me sauver. »

— Ah! Phrosine, ma maîtresse, tu as emporté ma vie! —

« Quand j'irais à mon père, les prières n'y font rien! — « Je le vois, ma petite Phrosine, les poissons te mange- « ront. »

— Ah! Phrosine, ma maîtresse, tu as emporté ma vie! —

« Ma Phrosine, puisque tu le savais, pourquoi ne pas « m'avoir averti plus tôt? j'aurais envoyé ma pelisse pour « te garantir, et un homme pour t'enlever. »

— Ah! Phrosine, ma maîtresse, tu as emporté ma vie! —

Je jetterai dans le lac mille quintaux de sucre pour adoucir l'eau que boira la dame Phrosine.

— Ah! Phrosine, ma maîtresse, tu as emporté ma vie. —

Souffle, Borée, mon petit vent; souffle sur le lac; et salue pour moi les dix-sept et la dame Phrosine.

— Ah! Phrosine, ma maîtresse, tu as emporté ma vie! —

XI

LA JEUNE FOLLE

I

J'ai rencontré une jeune fille dans un jardin, oisive par un beau jour de fête, sous des ombrages épais. — Je la considère longtemps avec surprise, et lui demande en soupirant :
Que cherches-tu donc toute seule, et de si bonne heure dans ce jardin ?

II

— « Jeune homme, je te remercie de ta question, de tes bonnes pensées, et de ton intérêt. » —
Elle me regarde longuement, soupire aussi ; ses larmes coulent ; et elle-même s'arrête étonnée.
« J'étais heureuse autrefois ; maintenant je suis mal-
« heureuse.

III

« Je n'ai aimé qu'un garçon dans toute ma vie. Ma
« bonne fortune l'avait gardé pour moi. C'était mon

« amour, la lumière de mes yeux, le grand remède à
« tous mes maux ; le barbare Charon l'a cruellement
« moissonné... »

IV

— O belle fille ! assois-toi, je t'en supplie, et dis-moi, sans tarder, tes chagrins.

Elle mouilla sa robe de ses larmes, et commença ainsi à raconter ses peines : —

« O bon jeune homme, plains-moi, car je suis bien
« digne de pitié !... »

V

« Je me promène maintenant, et je suis folle... Jeune
« homme, je voudrais être morte... Car il était beau à
« voir comme un ange...

« Ah ! que Charon me prenne aussi, et termine ma
« vie ! Comment vivrais-je désormais, pauvre, triste et
« abandonnée ! »

VI

« On m'a dit qu'on l'avait tué dans Athènes, la grande
« et brillante ville, ainsi que d'autres Hellènes avec lui.

« Karaïskakis était son chef ; ce héros était son capi-
« taine : et je pleure aussi pour ce héros, l'immortel !

« Puis, je me promène maintenant et je suis folle. »

XII

LA PESTE DE RAPSANI

Tous les villages ont eu la peste, et tous se sont consolés. Pour Rapsani[1] et Tournavo, il n'y a pas de consolation. —

Cinq mille sont morts, et il en meurt encore. Pauvre Rapsani !

Trois mille à Tournavo, et il en meurt encore. Pauvre Tournavo !

Les mères pleurent leurs enfants ; et les enfants leurs mères. Une maîtresse de maison pleure aussi, la femme du Primat. Il lui est mort trois garçons et trois petites filles.

Ah ! mes fraîches fontaines, vous pouvez bien tarir maintenant. Qui viendra puiser de l'eau ? Qui viendra laver ?

Toutes les fiancées et toutes les petites filles sont mortes.

Les revers des collines sont chargés de cadavres, et les arbustes de vêtements.

---

[1] *Rapsani* et *Tournavo*, villages situés au bas du mont Olympe.

XIII

LA VALAQUE MOURANTE

Là-bas sur cette montagne dont les gros nuages couvrent la tête, et les brouillards le pied; c'est là que croit l'herbe de l'oubli.

Les brebis qui la mangent oublient leurs agneaux.

Allez-y, vous aussi, ma pauvre mère, et oubliez-moi.

Quant à moi, j'en mangerais dix mille fois, que je ne pourrais oublier.

XIV

LES LARMES DE LA VEUVE

A moi les cris, les larmes et les lamentations!

C'est à moi de pleurer tout bas le soir, abondamment le matin, et maintenant à la pointe du jour, de faire entendre ma complainte.

Pleurez, mes yeux, pleurez! Versez des flots qui deviennent un lac et une mer. Qu'ils aillent jusque dans le monde d'en bas afin d'y mouiller ceux qui n'ont pas de pluie, d'y désaltérer ceux qui ont soif, et de fournir de l'eau pour l'encrier des écrivains! Ceux-ci écriront les chagrins des bien-aimés qui passent le fleuve, boivent son onde, et oublient leurs maisons et leurs pauvres orphelins.

XV

LE BERGER MALADE

Quand on cherche bien, on trouve. Trouverai-je la guérison de mon mal? Car tu me rends malade, et tu m'envoies dans l'autre monde.

Je me lève et vais chez le médecin, afin qu'il m'indique un traitement. Le médecin me dit : « Attends, que j'ouvre « mes livres. »

J'ai attendu, pauvre malheureux! du matin au soir; alors il a ouvert ses livres pour y trouver la recette.

« Berger, va-t'en tranquille, tu n'es point malade. Tu « souffres d'amour seulement, et tu n'en a pas le re- « mède. »

Alors, j'ai mis mes mains en croix pour contenir mon cœur; et, riant et plaisantant, je suis allé trouver mes amours.

— Tu es le médecin, ma belle; et moi, le blessé. Donne moi un baiser, ma belle, afin que je guérisse, pauvre que je suis !

— « Pourquoi te donner un baiser, si tu n'es pas réel- « lement malade, et si tu ne le témoignes pas, en levant « la main devant Dieu. »

— Je ne suis pas un arbre pour qu'on le coupe, ni un roseau pour plier : je ne suis pas un de ces hommes dont on exige le serment

Quand tu apprendras, ma belle, que je suis au plus mal, viens bien vite avant que je meure.

Quand tu entreras dans ma chambre, mon lit est à droite; penche-toi, ma belle, et baise-moi sur la bouche.

Ma mère te dira bien des paroles de reproches, pour t'aigrir; si tu m'aimes vraiment, éloigne-les de ton esprit.

Fouille au fond de ma poche, prends mes clefs; ouvre mon coffre, et tires-en mes linceuls.

Dans la chapelle, il y a des fleurs et des roses; distribue-les aux belles filles, afin qu'elles chantent mes lamentations.

Quand tu verras venir le prêtre avec l'étole, crie d'une voix aiguë : — « Où êtes-vous, mes amies? »

Quand tu le verras venir avec l'encens, crie d'une voix aiguë : — « Mon compagnon s'en va ! »

Lorsque quatre pallicares m'emporteront, crie d'une voix aiguë : — « Que les pierres se fendent! »

Quand ils me feront traverser ton voisinage, quitte ta mère à la dérobée, sors et arrache-toi les cheveux.

Quand ils me déposeront à la porte de l'église, crie d'une voix aiguë : — « Que les herbes se dessèchent! »

Quand ils me porteront au milieu de l'église, crie d'une voix aiguë : — « Que l'église s'écroule! »

Quand ils me descendront de trois degrés dans l'autre monde, alors, mon petit oiseau, écrie-toi : — « Mon
« amour est perdu! »

Et si l'on te donne des gâteaux de ma cérémonie funèbre, mange-les, et dis : — « Que Dieu pardonne au
« jeune homme qui m'aima ! »

XVI

LES FEMMES DES MATELOTS

Les femmes des matelots sont assises sur le rivage, avec des pierres dans leur sein, et des cailloux dans leurs tabliers ;

Elles jettent contre la mer leurs cailloux, contre la mer, leurs pierres.

« O mer, mauvaise mer aux vagues blanchissantes ! ô
« mer, où sont nos bien-aimés ? où sont nos maris ? »

— O mes pauvres femmes, que vous dirai-je ! de tristes nouvelles : vos maris sont noyés au fond de mes abîmes.—

XVII

LA COMPLAINTE SUR L'ENFER

Dans le Tartare, sous la terre, dans le monde d'en bas, les belles filles se lamentent, et les beaux garçons pleurent.

Que disent leurs lamentations ? Que disent leurs larmes ?

« Y a-t-il encore un ciel, et un monde là-haut ?

« — Y a-t-il encore des églises et des images dorées ?

« — Y a-t-il toujours des métiers où travaillent les ma-
« trones ? »

XVIII

LES VOLEURS ET LE PETIT BERGER

I

Les voleurs sont venus sur la montagne pour y voler des chevaux; et, comme ils n'y trouvent point de chevaux, ils prennent mes petits agneaux et mes petites chèvres.
  Puis ils s'en vont, s'en vont, s'en vont !
  Hélas ! hélas ! hélas !
  O mes petites brebis !
  O mes petites chèvres !
   Vaï ! ! !

II

Ils m'ont pris l'écuelle où je faisais cailler mon lait ; ils ont pris ma flûte jusque dans mes mains.
  Puis ils s'en vont, s'en vont, s'en vont.
  Hélas ! hélas ! hélas !
  O ma petite écuelle !
  O ma petite flûte !
   Vaï ! ! !

III

Ils m'ont pris le bélier qui portait la clochette, dont la toison était couleur d'or et la corne d'argent.

Et ils s'en vont, s'en vont, s'en vont.
>Hélas! hélas! hélas!
>O mes petites brebis!
>O mon petit bélier!
>>Vaï!!!

IV

Je vous en supplie, Panagia, punissez les voleurs. Ah! qu'on les arrête, qu'on les désarme au milieu de leurs cavernes, eux et toute leur race!
>Hélas! hélas! hélas!
>O mes petites brebis!
>O mes petits chevreaux!
>>Vaï!!!

V

Ah! si la Panagia me l'accorde, et punit les voleurs; et que je revoie mon bélier au milieu de son parc; je rôtirai le jour de Pâques un agneau jusqu'à ce qu'il tombe de la broche.
>Mais ils s'en vont, s'en vont, s'en vont.
>Hélas! hélas! hélas!
>O ma petite brebis!
>O mon petit bélier!
>>Vaï!!!

XIX

LE MONDE D'ICI-BAS

Un petit oiseau s'est échappé du monde d'en bas ;
Il avait les ongles rouges, et les ailes noires :
Les ongles rouges de sang, les ailes noires de deuil.

Les mères courent pour le voir, les sœurs pour apprendre, et les femmes des braves gens pour savoir la vérité.

La mère porte le sucre, la sœur le vin muscat, et les femmes des braves gens l'amarante.

— Oiseau, mange du sucre, bois du vin muscat, viens sentir l'amarante, et nous donner des nouvelles certaines.

— « Malheureuses ! ce que j'ai vu, pourquoi vous le
« dire ? Quelles nouvelles vous apprendre ? J'ai vu Charon
« qui courait à travers les champs à cheval.

« Il prend les jeunes par les cheveux, les vieux par les
« bras, et il porte les petits enfants enfilés comme un col-
« lier sur sa selle. »

XX

LA JEUNE FILLE DANS L'AUTRE MONDE

Bienheureuses sont les montagnes, bienheureux sont les champs où l'on ne rencontre pas Charon, où l'on n'attend jamais Charon, mais seulement des troupeaux l'été, et l'hiver la neige! Trois braves tiennent conseil pour s'échapper de l'enfer : le premier veut partir en mai ; le second en été ; le troisième en automne, dans la saison du raisin. Une blonde jeune fille leur parle ainsi dans l'autre monde :

— « Emmenez-moi aussi, mes braves, dans ce monde
« d'en haut. »

— Jeune fille, tes vêtements retentissent, tes cheveux sifflent ; ta chaussure fait du bruit ; Charon nous reconnaîtrait.

— « Tenez, j'ôte mes vêtements, je coupe mes cheveux,
« et je laisse ma chaussure au bas de l'escalier.

« Emmenez-moi aussi, mes braves, dans ce monde d'en
« haut ; je veux aller voir ma mère, comme elle se désole
« à cause de moi ; je veux aller voir mes frères, comme
« ils me pleurent. »

— Tes frères? pauvre fille! ils mènent le branle à la danse. Ta mère? pauvre fille! dans la rue elle passe son temps à jaser.

XXI

L'AMOUR AU TOMBEAU

Eugénule, la belle, la nouvelle mariée, se vantait sur sa porte de ne pas craindre Charon, parce qu'elle a neuf frères, tous vaillants pallicares.

Charon l'entendit ou quelque oiseau le lui répéta ; il lance une flèche et la frappe.

Les médecins vont et viennent ; mais il n'y a pas de remède.

Sa mère vient, entre, et s'arrache les cheveux.

— « Tu vas mourir, mon Eugénule, que me recom« mandes-tu ? »

— Quelles recommandations ai-je à te donner, ma mère ? Quand viendra Kostantas, ne l'afflige pas trop.

Et voilà que Kostas arrive à cheval à travers la campagne. Il ramène des cerfs vivants, des bêtes des bois apprivoisées, et il apporte un petit faon attaché sur sa selle.

Il voit une croix sur sa porte, des pappas dans sa cour ; et il demande aux passants : — Que font là les pappas ? —

— « Ton Eugénule est morte, et ils vont l'enterrer. »

Il tira son poignard d'or de sa gaîne dorée ; il le leva bien haut, bien haut, et l'enfonça dans son cœur.

Là où on ensevelit le jeune homme, naquit un cyprès.

Là où on ensevelit la jeune femme, naquit un roseau.

Quand le vent du nord souffle, le cyprès se courbe ; quand souffle le zéphyr, le roseau se penche.

Le roseau se penche et vient baiser le cyprès.

XXII

LE MORT AUX VIVANTS

Pourquoi m'entourez-vous, pauvres affligées? Suis-je donc revenu de dessous terre et du monde d'en bas?

C'est maintenant qu'on va m'y descendre, et que j'irai. Qui a une parole à y envoyer, la dise; des commissions, les donne; qui a des chagrins trop grands, les écrive et m'apporte sa lettre.

XXIII

LES NOCES DANS L'AUTRE MONDE

Ma mère fait la joie; elle fait les noces de mon fils; elle va aux fontaines pour l'eau, aux montagnes pour la neige, et aux jardinières pour des pommes et des coings.

« Fontaines, donnez-moi de l'eau fraîche, et vous, jar-
« dinières, des coings et des pommes. Il m'arrive un ami
« de là-haut :

« Ce n'est pas un inconnu; il ne vient pas d'un monde
« étranger; c'est mon petit-fils le bien-aimé. »

XXIV

CHANT D'IPSYLANTI

« Petit oiseau étranger, abandonné et solitaire, où vas-tu courir ? où est ton abri ? »

— Je n'ai point d'abri : je vais et je cours ici et là.

Sans savoir où est le repos, sans trouver où le bonheur habite.

Quand j'étais petit, j'avais une patrie: je vivais heureux dans des bois de myrte; j'espérais; je chantais soir et matin.

J'avais une jeune amante que j'aimais dès mon enfance ; tout à coup un méchant épervier ravisseur a éteint devant moi la douce lumière de mes yeux, et a dévasté mon nid maintenant désert.

Depuis ce temps, je vais par la terre étrangère, sans patrie et sans compagne.

J'erre au gré de la fortune ; et je porte mes ailes et mes membres fatigués où veut le vent, où me pousse la tempête,

Jusqu'à ce que j'arrive là où arrive toute chose, là où est allé tout ce que j'ai tant aimé; là où vont l'épervier et l'innocent petit oiseau.

SEPTIÈME PARTIE

FÊTES DE L'ANNÉE

CHANTS POUR LA PLUIE
CHANTS DES NOURRICES — CHANTS NUPTIAUX

I

NOELS

I

« Bonjour, seigneurs, si c'est votre bon plaisir, je vais dire à vos seigneuries la naissance divine du Christ.

« Le Christ vient aujourd'hui de naître dans la ville de Bethléem. Les cieux sourient, le monde entier se réjouit; dans une grotte, dans une étable est enfanté le Roi du ciel, le Créateur de toute chose. Les anges chantent en foule *gloire au plus haut des cieux*. C'est la foi des bergers qui la première lui rend hommage...

« Si vous êtes riches, ne regardez pas à quelques piastres; si vous appartenez à la seconde classe, donnez de la petite monnaie, et si vous êtes tout à fait pauvres, une paire de poules. Et nous vous disons : Bonne nuit, allez vous coucher. Ne dormez pas longtemps, car bientôt il faudra vous lever pour courir dévotement à l'église et y entendre les saints offices de Dieu.

II

« Dans le quartier Franc, dans les quartiers des Francs, se trouve un mauvais chien, et une belle jeune fille. Une jeune fille qui a conçu mystérieusement et qui est mystérieusement enceinte.— « Dans quel mois es-tu devenue en-« ceinte ? Dans quel mois dois-tu accoucher ? » — Septembre et l'humide octobre, novembre et décembre sont passés. — Janvier, c'est la naissance du Christ, première fête de l'année. — Février, ouvre mes veines, ouvre les veines de mon sein... »

III

Noël ! Noël ! voici Noël, la naissance du Christ, la première fête de l'année. Sortez, voyez, et apprenez que le Christ vient de naître. Il vient de naître, et on le nourrit de lait et de miel. Le miel, les magistrats le mangent, et les seigneurs le lait. Ouvrez vos coffre-forts, si bien fermés à clef. Et, avec votre bourse d'or, payez-nous notre peine. »

IV

CHANSON DE SAINT BASILE [1]

Là où nous avons chanté, que jamais pierre ne se brise, et que le maître de la maison vive mille ans! O mon noble Seigneur, qui avez tant de complaisance, vous que nous avons dans notre endroit comme une brillante lune, ouvrez votre petite bourse, celle qui est ornée de perles; si vous avez des piastres, donnez-les-nous; si vous n'y avez que des paras, donnez-les encore; et si vous avez aussi du vin doux, venez nous le verser.

Nous avons dit beaucoup pour notre Seigneur, disons aussi pour notre Dame. Dame vénérable, Dame éclatante, Dame superbe! Quand vous voulez, Madame, changer d'habits pour votre toilette, le ramier porte l'eau, et la pie le savon. Puis la perdrix, au beau plumage, vous apporte trois vêtements, le rouge, le vert, et le blanc comme neige.

Madame, quand vous vous mettez en mouvement pour aller à l'église, vous portez le soleil au visage, et la lune au sein. L'arc de votre sourcil est l'aile du corbeau. La rue se remplit de roses, et l'église de parfums.

Madame, quand vous aurez des fils, que Dieu leur donne sa grâce, et que le grand saint Basile les fasse vivre mille ans!

[1] Dans le calendrier grec la fête de saint Basile se célèbre le premier jour de l'année.

V

CHANT DES MATELOTS AU PREMIER DE L'AN

Oh! puissiez-vous, Monseigneur, armer une frégate qui ait la poupe mince, et la proue comme un lion! qui ait des mâts de bronze, des haubans en fil de fer, des voiles de soie, et des antennes d'acier. Que le Christ soit à l'avant, la Panagia au milieu, et saint Nicolas près du timon, à l'arrière!

Puissiez-vous ainsi naviguer vers l'Angleterre, et remplir votre frégate de ducats! pour vivre ensuite de longues années, content et heureux, enrichi de tous les dons de l'esprit et du corps!

Du vaisseau où nous chantons, que jamais clou ne tombe, et que son capitaine vive de longs jours!

VI

CHANT DE L'HIRONDELLE

L'hirondelle arrive de la mer Noire; elle a passé la mer, elle a fondé une tour, s'y repose, et dit:

« Mars, mars neigeux, et toi, pluvieux février, voici le doux avril qui s'annonce et n'est pas loin.

« Les petits oiseaux gazouillent, les arbustes verdissent, les poules commencent à glousser et à pondre.

« Les troupeaux s'acheminent vers les montagnes;

les chevreaux bondissent et broutent les premiers bourgeons.

« Animaux, oiseaux et hommes se livrent à la joie du cœur. La glace, la neige et le vent du Nord ont cessé.

« Mars, mars neigeux, et toi, boueux février, voici le bel avril qui arrive.

« Hors d'ici, février! Hors d'ici, mars! Pritz, pritz.

Nota. Le *Pritz* du dernier vers est un bruit de la langue contre les dents, bien plutôt qu'un mot. C'est une sorte d'onomatopée significative, une espèce de cri comme pour faire envoler un oiseau.

VII

CHANSONS DES ROSES

I

Voilà qu'à la petite pointe du jour, comme je dormais légèrement, il me sembla que j'étais dans une belle petite prairie.

Mon amie se trouvait là avec d'autres jeunes filles, ses compagnes ;

Elles cueillaient des roses, et des myrtes chargés de rosée.

Je m'assis alors pour me reposer un moment avant de me livrer à ma joie, et pour boire de l'eau fraîche.

Mon amie s'assit aussi, me prit dans ses bras, et approcha ses lèvres des miennes.

Et comme elle commençait à m'accorder le baiser le plus doux, un frisson d'amour m'éveilla.

Amour, que t'ai-je fait pour me réveiller ainsi, quand mon amie avait un baiser à me donner?

II

Rose odorante,
Fleur délicieuse,
Qui donc s'est approché
Et t'a touchée ?
Car, tu es flétrie
Et desséchée maintenant. —
« Un vieillard m'a sentie.
« Une vieille femme m'a regardée.
« Ils m'ont jeté un sort :
« Et me voilà flétrie pour toujours. »

VIII

LA CHANSON DE MAI

Mai commence, mai commence, le mois de mai commence ; avril a les fleurs, et mai toutes les roses.

Avril, avril, va-t'en, maudit ; viens, mon gentil mois de mai ; c'est toi qui remplis le monde entier de fleurs brillantes. C'est toi qui me livres celle que j'aime.

Allons ! avertis-moi, ma belle, avertis-moi donc, jeune fille ; ne faut-il pas que j'aille saluer toutes ces fleurs de nos champs, pour qu'on nous tresse des couronnes avec leurs rameaux fleuris, et que notre lit soit jonché de bouquets de myrte ?

IX

LE JOUR DE SAINT GEORGES[1]

O bienheureux époux, vis, vieillis, et passe bien ton temps avec la jeune fille que tu possèdes !

Tu es au port ; tu n'auras plus d'orages ; et tu ne craindras plus désormais l'amour.

Heureux époux, pour jouir mieux encore de ton bonheur, songe que tu as pris ton épouse selon ta volonté.

C'est de ton plein gré que tu l'as couronnée, et que tu lui as livré ton cœur.

Vivez, vieillissez ensemble ! Laissez après vous des fils et des héritiers !

Puissiez-vous voir vos petits-enfants, puissiez-vous vieillir avec eux, et tous les deux n'avoir qu'une seule et même pensée !

Pour bien vivre et jouir du monde, ne vous grondez et ne vous attristez jamais. Avoir à deux joie et bon accord en ménage, c'est être rois :

---

[1] La fête de saint Georges, le 5 mai, est en Grèce le jour particulièrement destiné aux mariages, comme les jours de saint André en Allemagne, et de saint Joseph en Italie.

CHANTS POUR LA PLUIE

I

PERPÉROUNA

La Fée pluvieuse se promène, et invoque la pluie.

« O mon Dieu, faites pleuvoir une pluie, et une pluie « pénétrante ! Donnez-nous de l'eau, de l'eau par torrents, « et du vin, du vin à flots.

« Que chaque cep de vigne remplisse une corbeille, et « chaque épi un sac !

« Que le meunier crève du chagrin de vendre à bas « prix sa farine ; et que le pauvre, avec toute sa famille, « se réjouisse ! »

II

PYRPÉROUNA

La Fée pluvieuse se promène, et prie Dieu.

« Mon Dieu, mon Dieu ! faites pleuvoir une pluie, une « pluie douce !

« Pour que le blé, le coton, et toutes ces plantes qui « ont besoin de rosée, poussent, fleurissent et enrichis-« sent le monde.

« Donnez-nous l'eau par torrents, et le blé par mon-
« ceaux !

« Que chaque épi fasse une mesure, et chaque cep un
« tonneau ! »

III

PERPÉRIE

Perpérie, source de rosée, arrosez tout le voisinage, et promenez-vous dans nos chemins.

« Mon Dieu, faites pleuvoir une pluie, une petite pluie
« bien douce !

« Pour que nos campagnes produisent leurs fruits, nos
« vignes leurs fleurs, et que nos moissons nous donnent
« du pain.

« Que le froment, l'orge, le maïs, le coton, le raisin,
« l'avoine et le riz enrichissent le monde !

« Que nos jardins desséchés n'aient plus que rosée et
« joie !

« Versez les eaux par torrents, le blé par tas ! Que cha-
« que épi fasse une mesure, et chaque cep un tonneau !

« Loin d'ici, sécheresse et misère ! A nous la pluie, et
« la bénédiction du ciel ! »

CHANT DES NOURRICES

I

Sainte Marine, couchez-le, et sainte Sophie, endormez-le, promenez-le pour qu'il voie comment les arbres fleurissent, et comment chantent les oiseaux.

Revenez ensuite, et ramenez-le, pour que son père ne le demande pas, et ne batte pas ses valets; pour que sa mère ne le cherche pas; car elle pleurerait, se rendrait malade, et son lait serait amer.

II

Prends-le-moi, ô mon sommeil! Je vais lui donner trois sentinelles : trois sentinelles, trois surveillants, et tous les trois bien braves.

C'est le soleil sur les montagnes, l'aigle dans les plaines, et maître Borée, avec sa froidure, au milieu de la mer.

Le soleil s'est couché; l'aigle s'est endormi, et maître Borée, avec sa froidure, le ramène à sa mère.

« Mon fils, où étais-tu hier, avant-hier? où étais-tu l'autre
« nuit? Faisais-tu la guerre aux astres ou bien à la lune,
« ou bien à l'étoile du matin, qui est de nos amis? »

Je n'ai point fait la guerre aux astres, ni à la lune, ni à l'étoile du matin, qui est de vos amis. J'ai veillé un enfant d'or dans un berceau d'argent.

III

Viens, sommeil, viens le prendre ;
Viens, sommeil, viens l'endormir :
Emporte-le dans les vignes de l'Aga,
Emporte-le dans les jardins de l'Aga.
L'Aga lui donnera du raisin,
Et sa femme des roses,
Et sa servante des crêpes ;
Fais dodo, mon fils, fais dodo.

IV

Dodo ! dodo ! pour mon petit enfant, pour mon petit Pallicare.
Dors, mon cher petit, j'ai quelque chose à te donner ; pour ton sucre, Alexandrie ; pour ton riz, le Caire ; et Constantinople pour y commander trois ans.
Puis trois autres villages, et trois petits couvents. Dans les champs et dans les villages, tu iras te promener, et dans les trois couvents tu iras prier Dieu !

V

Dodo ! ta mère va revenir de la rivière des Lauriers ; et de cette eau douce, elle te rapportera des fleurs ; et ces fleurs seront des roses et des œillets parfumés.

VI

CHANT DE L'ENFANCE

Il était un vieillard, lequel avait un coq qui chantait et réveillait le vieillard solitaire.

Survint le renard, lequel mangea le coq,
Qui chantait et réveillait le vieillard solitaire.

Survint le chien, lequel mangea le renard qui avait mangé le coq,
Qui chantait et réveillait le vieillard solitaire.

Le bâton tombe et tue le chien, lequel avait mangé le renard, qui avait mangé le coq,
Qui chantait et réveillait le vieillard solitaire.

Survint un poêle, lequel brûla le bâton qui avait tué le chien, lequel avait mangé le renard, qui avait mangé le coq,
Qui chantait et réveillait le vieillard solitaire.

Survint le fleuve, lequel éteignit le poêle qui avait brûlé le bâton, qui avait tué le chien, lequel avait mangé le renard qui avait mangé le coq,
Qui chantait et réveillait le vieillard solitaire.

Survint le bœuf, lequel but le fleuve qui avait éteint le

poêle, lequel brûla le bâton qui avait tué le chien, lequel avait mangé le renard qui avait mangé le coq,
Qui chantait et réveillait le vieillard solitaire.

Survint le loup, lequel égorgea le bœuf qui avait bu le fleuve, qui avait éteint le poêle, lequel brûla le bâton qui avait tué le chien, lequel avait mangé le renard qui avait mangé le coq,
Qui chantait et réveillait le vieillard solitaire.

Survint le berger, lequel tua le loup qui avait égorgé le bœuf, lequel but le fleuve qui avait éteint le poêle, lequel brûla le bâton qui avait tué le chien, lequel avait mangé le renard qui avait mangé le coq,
Qui chantait et réveillait le vieillard solitaire.

Puis vint la peste, laquelle emporta,
Le berger qui avait tué le loup,
Qui avait égorgé le bœuf,
Qui avait bu le fleuve,
Qui avait éteint le poêle,
Qui avait brûlé le bâton,
Qui avait tué le chien,
Qui avait mangé le renard,
Qui avait mangé le coq,
Qui chantait et réveillait le vieillard solitaire.

CÉRÉMONIES DES NOCES

PENDANT QU'ON PEIGNE LA MARIÉE.

Tu as des cheveux quatre fois blonds, qui tombent sur tes épaules. Les anges les peignent avec des peignes d'or.

PENDANT QU'ON HABILLE LA MARIÉE.

Quand ta mère te mit au monde, tous les arbres fleurirent. Et les petits oiseaux eux-mêmes chantèrent dans leurs nids.

PENDANT QU'ON PARE LA MARIÉE.

Quand ta mère te mit au monde, le soleil s'abaissa ; il te donna la beauté, puis il remonta dans les cieux.

QUAND ON CONGÉDIE LA MARIÉE.

Aujourd'hui brille le ciel ; aujourd'hui brille le jour. Aujourd'hui l'aigle épouse la colombe.

QUAND ON DONNE LA MARIÉE AU MARIÉ.

Nous avons enlevé la perdrix, la perdrix aux cinq couleurs ; et nous avons laissé son voisinage semblable à un pays dépeuplé.

CHANSON DE LA MÈRE.

Les sept cieux se sont ouverts, comme les douze évangiles ; et ils ont pris mon enfant au milieu de mes deux bras.

CANTIQUES NUPTIAUX

I

La petite colombe, notre nouvelle mariée, s'assoit sur la route et chante.

Elle ne craint ni jeune homme, ni garçon, mais seulement sa belle-sœur, la diligente, qui la fait lever de trop bon matin.

« Levez-vous, madame la mariée, car il fait jour. Quand
« donc pétrirez-vous ces neuf pains, pour envoyer en
« provision à neuf bergers, en attendant neuf autres? »

II

Je laisse mes adieux à mon quartier, je laisse mes adieux à mes parents ; et pour ma mère, je lui laisse trois bouteilles de fiel, l'une pour boire le matin, l'autre à midi, et la troisième, la plus amère, les jours de fête.

III

« Des montagnes de Tricorpho, un épervier a jeté sa voix au loin.

« Cessez, brises, cessez ce soir, et encore une autre
« soirée; voici la noce d'un jeune garçon, et une fille
« blonde se marie. »

HUITIÈME PARTIE

CHANTS D'AMOUR ET DE DANSE
SÉRÉNADES, CHANTS BADINS

I

L'AMOUR DÉCOUVERT

O jeune fille ! quand nous nous sommes embrassés, il était nuit ; qui nous a vus ?
La nuit nous a vus, et l'aurore, l'étoile et la lune.
L'étoile s'est abaissée et l'a dit à la mer. La mer l'a dit à la rame ; la rame au matelot ;
Et le matelot l'a chanté à la porte de sa belle.

II

LE CHANT DU PRINCE JEAN CARADGEA

Doux Zéphyr, si tu vas vers l'âme que j'aime, ou si tu la rencontres, répète-lui bien ce que je vais te dire :
Dis-lui, ah ! ne l'oublie pas ! dis-lui, sans rien y chan-

ger, que tu es un soupir, mais ne lui dis pas d'où tu viens.

Et toi, charmante fontaine, petit fleuve rafraîchissant, s'il arrive que tu la rencontres par hasard, et que tu en trouves l'occasion, dis-lui que tu es une larme;

Mais prends bien garde, et ne va pas lui dire quel est celui qui a tant fait grossir tes flots.

III

L'IMPRÉCATION DE L'AMANT

Je passe devant ta porte, je te vois en colère, appuyant ta joue droite sur ta main.

Mon cœur s'élance vers toi et te demande quel chagrin as-tu dans l'âme, pour que je te console.

« Pourquoi me questionner, infidèle, comme si tu ne le « savais pas? toi qui m'as délaissée, et en cherches une « autre! »

Qui te l'a dit, ô ma colombe, qui te l'a dit, ô ma délicieuse fontaine! Que celui qui te l'a dit, ô ma princesse, ne passe pas la semaine!

Périsse l'étoile, si elle te l'a dit! Si c'est le soleil, qu'il s'éteigne!

Et si c'est une fille sans mari, qu'elle ne rencontre jamais d'époux!

IV

LA CRUCHE CASSÉE

Quand tu vas à l'eau, chère Marie,
Dis-moi à quelle heure :
Je serai là et t'attendrai
Pour briser ta cruche,
Et que tu retournes à vide vers ta mère.
— « Où est ta cruche, ma fille? »
— J'ai fait un faux pas, ma mère,
Je suis tombée, et je l'ai cassée.
— « Ce n'est point un faux pas,
« C'est quelque étroite embrassade ! »

V

LE PALLICARE MOURANT D'AMOUR

Hélas! je me meurs, et ne trouve aucun remède. Le monde n'a pas de plante pour me guérir, si ce n'est un baiser savoureux, humide et sucré. Jeune fille, je sais que tu l'as, et je viens te le demander : si tu me le refuses, tu m'enterreras avant huit jours.

Et quand tu passeras devant ma tombe dans ton voisinage, tu diras alors, jeune fille : « C'est pourtant dom-
« mage qu'un si jeune homme soit déjà la proie de la
« mort; et qu'un si brave Pallicare se soit perdu par
« amour! »

VI

LA PLAINTE AMOUREUSE

L'amour ne va jamais sans chagrins, sans douleurs et sans soupirs.

Nuit et jour, ô ma lumière, je te désire; et je n'ai pas d'ami fidèle à qui dire mes peines.

J'étais autrefois un petit oiseau sans raisonnement; je suis tombé en folie, et en bien des maux à la fois.

Petits oiseaux qui êtes libres, n'entrez pas en cage; fuyez les tromperies et les embûches de l'amour.

VII

LA JEUNE BLONDE

Dans une plaine couverte de verdure et de superbes fleurs avec leurs papillons, arrosée d'eaux fraîches et limpides, une jeune et charmante blonde vint seule quand le soleil brûlait encore, pour cueillir de belles fleurs.

Dans sa main blanche elle tient un couteau dont elle coupe des roses. Puis elle court vers un ombrage touffu; et là, s'asseyant pendant que les rossignols gazouillent, elle se met à chanter aussi ces paroles :

« J'étais petite et innocente, lorsque je t'ai vu dans le « monde, ô mon premier ami. Aussitôt je ne sais ce que

« j'éprouvai; simple que j'étais, je te crus, je t'aimai
« comme un amant fidèle; et je me livrai tout entière à toi.
« Maintenant tu pars; je t'appelle barbare; où sont,
« cruel ami, les promesses et les serments que tu m'as
« faits? L'amour était beau quand tu m'as blessée au fond
« de mon âme; mais, depuis, je n'en ai eu que des dou-
« leurs. »

VIII

LA CONVERSATION MYSTÉRIEUSE

LE JEUNE HOMME.

Je vous rencontre enfin, ma belle, car vous sortez une fois en un mois, comme on vous l'a enseigné, ma perdrix au beau plumage.

LA JEUNE FILLE.

« Passe ton chemin ! Est-ce que je suis une perdrix ? »

LE JEUNE HOMME.

Non, ma belle, vous n'êtes pas une perdrix; mais vous en avez les tromperies, et vous m'avez enflammé et brûlé avec tous vos mensonges.

LA JEUNE FILLE.

« Bah ! est-ce que je suis une menteuse ? »

LE JEUNE HOMME.

Non, ma belle, vous n'êtes pas une menteuse, c'est moi

bien plutôt qui mens ; mais il est bien vrai que pour votre personne je pleure nuit et jour.

LA JEUNE FILLE.

« Bah! et pourquoi pleures-tu? »

LE JEUNE HOMME.

Je pleure en raison de votre beauté, qui est comme une flèche. Je me pendrai à votre porte, et ce sera votre faute.

LA JEUNE FILLE.

« Bah! et qui donc es-tu? »

LE JEUNE HOMME.

Je suis un jeune homme fort connu, élégant et mince, célèbre dans le voisinage, et fort bien traité partout.

LA JEUNE FILLE.

« Bah! et qui donc t'a bien traité? »

LE JEUNE HOMME.

Ma mère d'abord, et toute ma famille ensuite; mais j'ai mis ma confiance en Dieu, et je finirai par vous avoir!

LA JEUNE FILLE.

« Tu mens, et tu ne me tromperas pas; ton chapeau
« tourne à tout vent : tu dis que tu m'aimes, et tu en as
« une autre dans ta pensée. »

LE JEUNE HOMME.

Oh! madame, qu'autant d'épées qu'il y a d'étoiles dans le ciel me percent le cœur si je ne vous aime! »

IX

L'OISEAU

Dans un beau jardin orné de fleurs, je descendis un matin pour me consoler des tristes pensées et dissiper les angoisses de mon esprit; car une jeune fille que j'aime fait mon tourment.

Et, en me promenant dans ce jardin, je m'arrêtais pour considérer les fleurs que je préfère. Sous le petit ombrage d'un citronnier était un petit oiseau; or ce gentil petit oiseau gazouillait doucement.

Et son gazouillement me semblait dire : « Voyez, jeunes « gens, comme votre vie est passagère ! Jeunes filles, « jeunes garçons, amusez-vous; ne perdez pas une heure; « car le temps marche, et ne revient jamais. »

X

LA BELLE DE SCIO

Au pied de la colline, à la lueur de la lune, dans le silence de la solitude et le calme de la mer, une belle est assise sur un petit banc de pierre, et tient sur ses genoux un petit chien.

Elle accompagne son chant de sa guitare, et fait entendre une voix angélique. Oh! que ne suis-je ta guitare! Que ne suis-je ton petit chien! Que ne suis-je, oh! que ne suis-je surtout ton amant aimé!

XI

LE LECTEUR DE L'ARCHEVÊCHÉ

Une jeune fille est à la fenêtre, et le Lecteur dans la cellule. Il lui jette des morceaux de sucre, et l'atteint à la poitrine.

« Tiens-toi sage, Lecteur; le voisinage te verrait. On le « dirait à l'archevêque, qui te couperait les cheveux. »

— S'il me coupe les cheveux, il me faudra porter la calotte de laïque; et alors, la fille que j'aime, je l'épouserai. —

XII

SÉRÉNADES

1

Sortez, jeunes garçons, pour danser;
Sortez, jeunes filles pour chanter;
Venez voir, venez apprendre
Comment l'amour vient.
Il vient des yeux, descend aux lèvres;
Puis il tombe des lèvres,
Et prend racine dans le cœur.

2

Un soir, seul avec ma guitare, je sortis pour me promener, et pour essayer de chanter; de chanter les peines que j'ai dans le cœur.

Mais toi, tu ne t'en soucies, et tu dors; tu dors doucement; tandis que tu me tourmentes, et que tu immoles mon âme.

Réveille-toi, et ne dors plus; ne dors plus, mon petit serin doré. Lève-toi de ton lit pour entendre comme je chante.

Avance à ta fenêtre pour écouter; pour écouter les plaintes de mon cœur, et les douleurs amères que tu me fais souffrir.

3

Dans ce palais si élevé, et tout en marbre, habitent une mère, et sa fille que j'idolâtre.

J'ai peur de la mère, et je crains de parler à la fille :
— « Cokona Hélène, Cokona Hélène, je vous adore! »

4

Là-bas, dans les champs de l'île solitaire, le Sultan est allé chasser.

Il n'a chassé ni les cerfs ni les lièvres. Il a chassé seulement les yeux noirs.

O mes beaux yeux noirs, ô mes lèvres de corail! montrez-vous, ô ma lumière, à votre fenêtre!

XIII

LE JARDINIER AMOUREUX

Toutes les brunes aux yeux noirs, pleines de signes sur le visage; toutes m'ont donné un baiser;
Une seule me le refuse, et me laisse une grande douleur.
Je vais monter sur la colline, pour y faire un jardin. C'est là que je placerai mon jardin, mon jardin et mon verger;
Et une belle vigne, et une porte pour entrer.
Que les belles y viennent, le baiser sur les lèvres, pour y manger du raisin.
Les voici; elles y viennent toutes, les yeux noirs qu'elles soient maudites! Elles ont dit au jardinier:
Donne-nous du raisin et baise-nous sur les lèvres!
Otez vos chaussures, entrez, entrez ici et tout au milieu;
Voulez-vous une orange? prenez.
Voulez-vous un coing? personne ne vous le refuse.
Voulez-vous du raisin muscat? voulez-vous du raisin de Corinthe?
Tout cela, c'est pour l'amour.

XIV

LE CHOIX DIFFICILE

— Bonne mère, mariez-moi ;
Donnez-moi un maître au logis. —

— « Je vais te donner le petit épicier,
« C'est un joli garçon. » —

— Bonne mère, je n'en veux pas.
J'en serais malade, et j'en mourrais.
Je n'épouse pas l'épicier,
Qui sent les olives et l'huile. —

— « Je te donnerai le petit barbier.
« C'est un joli garçon. » —

— Bonne mère, je n'en veux pas.
J'en serais malade, et j'en mourrais.
Tout le matin il fait la barbe ;
Et tout le soir il fait la moue. —

— « Je te donnerai le petit tailleur.
« C'est un joli garçon. » —

— Bonne mère, je n'en veux pas ;
J'en serais malade, et j'en mourrais.
Tout le matin il coud, il coud ;
Et le soir il prend des mouches.

XV

ELLE A RÉPONSE A TOUT

Là-haut, sur cette montagne,
Une mère et sa fille

Ramassaient ensemble
L'amarante et la mélisse.

Et comme elles les cueillent
Et les trient avec leurs doigts,

Elles trouvent aussi un jeune fiancé,
Sans sa fiancée.

— « Ma petite mère, si nous prenions
« Cet étranger dans notre maison? »

— Folle! nous n'avons pas de pain.
Que veux-tu faire de cet étranger?

— « Ma mère, ma petite portion
« Suffira pour moi et pour lui. »

— Folle! nous n'avons pas de lit.
Que veux-tu faire de cet étranger?

— « O ma mère, mon petit lit
« Suffira bien pour lui et moi. »

XVI

LE PETIT CHAT

Voyez-vous, mon amour, le petit chat jouer sous la table avec un petit chiffon entre ses griffes?

Voyez-vous comme il le caresse tendrement, le tient, le secoue, le mord, le quitte et le reprend?

Voyez-vous comme il le lance au loin, et court aussitôt le rattraper ; comme il se couche et se roule avec lui ; puis, enfin, comme il saisit l'innocent chiffon et le met en pièces?

Vous êtes le petit chat et je suis le petit chiffon que vous ballottez incessamment dans vos mains.

Je n'ai de vous que les affronts et les malices, les vraies malices dont vous m'accablez. Vous m'en faites une, je me fâche ; une autre et je me repens.

Tantôt vous m'excitez et me calmez ; tantôt vous êtes toute méchante ; et, bientôt après, toute doucereuse.

Avec ces cajoleries, vous me tuez. Vous me dites *oui*, et vous n'accordez pas.

Vous m'enflammez et m'éteignez ; vous me dites : *Va-t'en*, et vous me retenez près de vous.

O mon enjôleuse déesse, jouez donc, jouez avec mon cœur, jusqu'à ce que par ces façons vous l'ayez tout à fait brisé.

XVII

MADAME MARIORA

— Ah! madame Mariora, votre mari a faim. —
« Eh! s'il a faim, que m'importe? La danse me plaît
« par-dessus tout. Quand je déchirerais mes souliers, je
« ne quitterais pas la danse. — Le pain est sur la planche
« du grenier; qu'il aille en prendre, s'il lui plaît! »
— Ah! madame Mariora, votre mari a soif. —
« Eh! s'il a soif, que m'importe? La danse me plaît par-
« dessus tout. Quand je déchirerais mes souliers, je ne
« quitterais pas la danse. — L'eau est dans la cruche;
« qu'il aille en prendre, s'il en veut! »
— Ah! madame Mariora, votre mari expire. —
« Eh! s'il expire, que m'importe? La danse me plaît
« par-dessus tout. Quand je déchirerais mes souliers, je
« ne quitterais pas la danse. — L'encens est dans le cor-
« net de papier, et la lampe pend au clou. »
— Ah! madame Mariora, votre mari est mort. —
« Eh! s'il est mort, que m'importe? La danse me plaît
« par-dessus tout. Quand je déchirerais mes souliers, je
« ne quitterais pas la danse. — Que les pleureuses le pleu-
« rent! et que les prêtres viennent l'enterrer! »

XVIII

LE JEUNE LUTIN

Vous que l'amour a nourri de son lait, me direz-vous si j'ai encore à souffrir d'autres tourments?

J'ai aimé une petite fille, toute petite et tout enfant, étourdie comme une hirondelle, belle comme une perdrix.

Voilà deux ans qu'elle me tient et me tourmente;

Elle ne me veut pas près d'elle et ne me permet pas de m'éloigner.

Je lui dis : « Viens, viens, mon petit ange. » Elle me répond : « Crève, crève, mon petit démon. »

Je lui dis que je l'aime, elle me ferme la bouche; je la prie de m'aimer, elle se fâche.

Je parle, elle reste muette; je me tais, elle m'assourdit.

Je ris, elle s'emporte; je m'emporte, elle s'apaise.

Grands dieux! quelle rage quand je parle à quelque autre! et quels soupçons si je me tais alors!

En dépit de moi et même en dépit d'elle, elle a l'amour au cœur et la colère au visage.

Sans doute, sans doute, elle m'aime, cette petite furie! Pourquoi, quand je m'en vais, court-elle après moi?

Pourquoi fait-elle semblant de dormir afin que je la

regarde? Comment essaye-t-elle de tomber pour que je la relève?

Quand je lui dis : Prenez ceci; elle me refuse et fronce les sourcils; si j'essaye de le garder, alors elle le saisit et le prend.

Je la poursuis, elle fuit; si je fuis, elle me poursuit; elle entre avant que j'entre; elle sort avant que je sorte.

Elle fait mine de s'en aller et elle est toujours devant moi.

Si je viens, elle dit : « Va-t'en; » si je m'en vais : « Où vas-tu, mon amour? » —

Si je dors, elle me veille de près toute seule; je me réveille et veux la retenir, elle s'échappe comme un éclair.

Si je regarde ailleurs, elle me fixe dans les yeux; si je me retourne pour la regarder, elle retire son regard.

Elle m'exerce ainsi par les plus étranges caprices, et me cause chaque jour les mêmes chagrins.

« Ce n'est pas ta faute, mon petit! c'est moi, sur mon
« âme, c'est moi qui suis venue si jeune t'abreuver d'a-
« mertumes. »

Il est vrai que sa bouche sentait encore le lait...

Que voulez-vous? je n'ai pas trouvé à aimer de plus grandes filles.

XIX

L'INDÉCISION

« Deux jeunes filles m'aiment à la fois et je les aime
« aussi. Laquelle choisir des deux, et laquelle quitter? En
« vérité, je n'en sais rien.

« L'une a les yeux noirs et me brûle jusqu'au fond du
« cœur; l'autre a des yeux bleus et des cheveux blonds.

« J'ai pris la fille aux yeux noirs, qui est blanche et
« grasse, pour passer avec elle l'hiver, quand il y a tant
« de neige.

« Je prends aussi la fille aux yeux bleus, qui est brûlée
« du soleil et maigre, pour l'été, quand il fait si chaud.

« Voyons, mes petites demoiselles, vous êtes belles
« toutes les deux : décidez vous-mêmes; mais surtout dé-
« cidez promptement.

« Car la beauté se flétrit comme les roses de mai; elle
« ne revient plus et s'en va ailleurs.

« Celui qui sait aimer n'a pas besoin d'y regarder de
« si près ni d'observer la différence des traits des beaux
« visages.

« Que me font à moi l'hiver ou l'été, la grasse ou la
« maigre? L'amour, en été comme en hiver, n'est-il pas
« toujours l'amour? »

NEUVIÈME PARTIE

DISTIQUES

AVIS

Les chants grecs compris sous le nom générique de *Distiques* abondent dans l'Archipel et sur ses bords. Cette sorte de poésie, qui consiste en une pensée resserrée en deux vers, est particulière à la Grèce moderne, où elle est fort répandue. C'est la chanson essentiellement populaire.

Les distiques s'improvisent la nuit et le jour avec accompagnement du téorbe et de la guitare, le plus souvent sans accompagnement; tantôt au milieu des danses; tantôt sur la mer, pour aider à l'effort de la rame; parfois dans les jours de fête ou de marché public, ou bien sous l'ombre comme dans les prairies où se rassemblent les habitants des champs et des hameaux. Pour une société plus relevée, le distique figure aussi dans les jeux innocents; on le mêle imprimé ou manuscrit aux friandises du dessert dans les festins ou aux repas de noces.

Ces rapides inspirations s'envolent presque toujours avec le sentiment qui les fit naître; mais de temps en temps néanmoins on les écrit pour les communiquer d'une île à l'autre, et de province à province. C'est ainsi qu'ils se sont prodigieusement multipliés; rustiques et naïfs dans les ports, recherchés et élégants dans les villes et dans la capitale.

J'aurais pu sans doute grossir beaucoup le nombre des distiques que je donne ici. Mais j'ai choisi ceux-ci, parmi tant d'autres, comme les plus connus; et je les ai divisés en quatre classes, pour en rendre la lecture plus facile et pour les mieux retenir.

§ I.

DISTIQUES AMOUREUX

I

Comme les nuages volent par les airs et filent avec le temps; ainsi mes yeux courent vers toi, et mes souvenirs te cherchent.

II

O Destin, ne te lasses-tu pas des maux que tu m'as faits? Tu ne veux donc qu'une chose, fermer à jamais mes yeux épuisés de larmes!

III

Que personne ne dise : l'amour vieillit. Quand on en mêle deux ensemble, il s'étend comme le feu.

IV

O mon immortel amour, ô mon éternelle espérance, depuis notre séparation, je n'ai pas eu un seul instant de joie [1].

V

Notre amour, ô mon oiseau perdu, a accompli sa des-

---

[1] Traduit d'une chanson arabe.

tinée : et voilà que la mort, comme un fantôme effrayant, est devant nous.

VI

O mon cœur désolé, console-toi de tes peines. Tu n'es pas seul dans la misère; bien d'autres ont souffert comme toi.

VII

Amour, enfant malin, pourquoi me tromper? Pourquoi t'emparer de mon cœur, puisque c'est pour y porter le trouble?

VIII

Quand je mourrai, mettez dans ma tombe quelques souvenirs; du jasmin près de moi, des lauriers amers sur mes lèvres [1].

IX

L'absence en amour est comme ces montagnes où se rassemblent les petits oiseaux pour y gémir tristement.

X

Tu ne te souviens plus du temps où j'ai commencé à t'aimer; tu as tout oublié, et tu attends que je te l'apprenne.

C'était un soir d'été, par un beau clair de lune, que l'Amour a percé de ses flèches mon cœur infortuné.

---

[1] Le jasmin, dans le langage des fleurs, est l'emblème de l'innocence. Le laurier amer, c'est le laurier-rose, qui est un poison.

Les rossignols chantaient délicieusement, et entremêlaient leurs voix pour mieux célébrer ta beauté.

XI

O mon amour, l'heure où j'ai mérité de te voir, est la seule où je crois vivre. Le reste du temps où je suis privé de ta vue, je le mesure sans le sentir et je suis comme un corps sans âme.

XII

Je porte en mon sein un feu qui consume mon cœur. L'amour l'y alluma, sans m'en demander congé.

XIII

Si vous vouliez me repousser, pourquoi m'avez-vous aimé d'abord? Pourquoi donc allumer le feu que vous deviez éteindre?

XIV

O mon éclatante Lune, ô mon riche Bijou[1]! Je n'ai rien vu sous le soleil de plus brillant que toi.

XV

Hier au soir, vers minuit, je me suis levé pour écrire; et je n'ai pas tracé une ligne sans y joindre un soupir.

XVI

Quand vos yeux me regardèrent pour la première fois,

---

[1] Le texte dit : O mon saint Constantin! et ces bijoux sont des médailles anciennes de Constantin le Grand, que les jeunes filles entrelacent sur leurs fronts aux monnaies d'or des sultans et aux Mahmoudiés.

ma poitrine se trouvait ouverte, et vous êtes entrée dans mon cœur.

XVII

Aimez-moi comme je vous aime, et veuillez-moi comme je vous veux. Un temps viendra bientôt où vous voudrez et je ne voudrai plus [1].

XVIII

Tu es vraiment comme une reine à qui le monde appartient. Quand tu le veux, tu t'empares des âmes et leur fais grâce quand tu le veux.

XIX

Je fus ange un jour, d'autres le furent après moi. A la fontaine où je buvais, d'autres se désaltèrent.

XX

Partez, ô doux zéphyrs, prenez sous vos ailes les soupirs de mon cœur, et dissipez-les un moment.

XXI

Avant d'étendre mon tapis au banquet de la vie, j'ai voulu approcher ma main d'une coupe. La destinée me la présenta. C'était aussi du poison; à peine je l'ai portée à mes lèvres et voilà que je meurs.

---

[1] C'est un des refrains de la Romaïka, danse nationale. Je l'ai entendu chanter avec cette variante proverbiale : « Prends-moi quand « tu me trouves, pour m'avoir quand tu me veux. »

XXII

Jeune fille au visage arrondi, jouet des anges, vous êtes une couronne au milieu des autres vierges.

XXIII

Ah! si vous me demandiez mes yeux à moi, pauvre fille, pour vous empêcher de partir, je les arracherais pour vous les donner.

XXIV

J'aime le cyprès et son bois parfumé; il vous ressemble, ô mes amours, en beauté et en élégance.

Ce cyprès mince, le vent le courbe; cette beauté farouche, un jeune homme peut l'adoucir.

XXV

L'Amour et Vénus se sont mis d'accord; et tous les deux ne vous ont fait si belle que pour désespérer les amants.

XXVI

Je salue de loin une jeune fille dont je ne dis pas le nom. Si je le disais, hélas! il faudrait m'arrêter et pleurer.

XXVII

Je passe à votre porte, j'y reconnais vos traces, je m'incline, les baise tendrement et les mouille de mes larmes.

XXVIII

N'est-ce pas grand dommage d'avoir une source devant moi, et de n'oser y boire de peur de mourir?

XXIX

Le bonheur de ma vie ne tient qu'à un fil. Fortune, viens à mon aide, et empêche-moi de perdre tout espoir.

XXX

Le soleil se couche derrière les fenêtres de votre maison; et les pléiades se lèvent au-dessous de vos sourcils.

XXXI

Vis, et moi je mourrai! Que puis-je demander à la vie? une tombe pour moi, et pour ton cœur une autre amante.

XXXII

Adieu, montagnes élevées, champs couverts de roses, et vous, petites fontaines aux eaux fraîches, je vais vous quitter [1].

XXXIII

Oh! je t'aime, je t'aime, et personne autre que toi ne le sait, ô ma déesse, si ce n'est l'étoile du matin.

---

[1] Ce sont presque les adieux de Philoctète à l'île de Lemnos (Sophocle, *Phil. V*, 1465); et à peu près les mêmes mots grecs.

XXXIV

Dieu du ciel, descends d'en haut, et sois notre juge. Un amour de douze ans cherche à m'abandonner.

XXXV

Aujourd'hui, mes pauvres yeux ont bien pleuré en songeant à tant de choses passées.

XXXVI

En face de ta fenêtre, je compte bâtir une école, afin que l'amour y vienne avec son livre d'or.

XXXVII

Pendant cette année d'absence, le printemps m'a paru l'hiver, le jour un an, et l'an un siècle.

XXXVIII

Si Niobé avait assez vécu pour voir mes malheurs, elle eût cessé de s'affliger des siens [1].

XXXIX

Je veux, je balance, je réfléchis, j'ose, puis je redoute; je me ravise, je prends courage, j'espère et je finis par désespérer.

---

[1] Réminiscence de l'*Iliade*. Achille console Priam par l'exemple de Niobé ; et le distique veut consoler Niobé à son tour.

XL

On appelle l'amour une flamme, parce que, comme elle, il brille et ne peut rester caché.

XLI

Je t'aime, je le jure. Le Seigneur le sait : ce Seigneur qui fait les nuages, le tonnerre et la pluie.

XLII

Tu t'enorgueillissais de la fleur de la jeunesse; et maintenant, je te prie, es-tu toi-même ou une autre?

XLIII

Je gagnerai la plaine et les montagnes pour demander aux animaux sauvages s'ils n'inventeraient point pour moi un remède qui me fît t'oublier.

Et que me diront les montagnes et la plaine? — « Va-t'en bien loin; à force de te plaindre, tu nous as « tant affligées que nous ne retrouvons plus nos pa- « rures. » —

XLIV

Un seul de tes cheveux ! j'en coudrai mes yeux; et, devant Dieu, je te jure de ne jamais en regarder d'autres.

XLV

En pensant à toi, mon sang s'arrête, et mon esprit s'envole à tous les vents, comme la paille sur l'aire.

XLVI

Les chansons sont des paroles que disent ceux qui souffrent. Ils ont beau chercher à chasser ainsi le chagrin, le chagrin leur reste.

XLVII

Tourne sur moi ces yeux si doux, ces yeux qui se plient et se recourbent, ces yeux qui adoucissent ce qui est amer, et ce qui est sauvage l'apprivoisent.

XLVIII

Si j'avais eu à la place de mes deux mains des clefs d'or, j'aurais ouvert ton cœur qui se ferme pour moi.

XLIX

Quelle âme de fer pourrait supporter la douleur de n'apercevoir ta personne qu'une fois par mois, ou une fois l'an !

L

Ton baiser me fait atteindre les cieux, m'y asseoir et converser avec les anges.

LI

Les yeux ont dit au cœur : Pourquoi es-tu triste? — Êtes-vous donc aveugles et ne voyez-vous pas que votre ami vous manque.

LII

Retourne chez toi, cher médecin, et emporte tes remèdes.

Ce que j'ai au cœur, tes livres n'en disent rien. Ce n'est pas un coup de poignard à guérir par le baume. C'est un mal au fond de l'âme qui me fera perdre la raison.

LIII

Tu as des yeux bleus comme le fond du ciel. Ils étincellent l'un et l'autre, comme les pléiades au point du jour.

LIV

Amour, puisque tu ne laisses pas de cœur sans blessure, prends bien soin de dorer tes flèches.

LV

On me l'avait bien dit que tu étais un tyran, et que, si je t'aimais trop, tu me ferais mourir.

LVI

Je demande à l'amour qu'il soit économe, et que de deux âmes il n'en fasse qu'une.

LVII

O lune éclatante, j'envie ta fortune; tu vois celui que j'aime, et moi, je suis loin de lui.

LVIII

O mes doux yeux, méditez la prière que je vous adresse. Par-dessus notre amour n'allez pas en mettre un autre.

LIX

N'aime point un homme s'il ne t'aime, et si tu ne vois fondre comme une fontaine ses yeux.

LX

Approche de ta fenêtre et regarde le ciel; tu y verras l'astre du matin jouer avec la lune.

LXI

O mon cyprès superbe, baisse-toi que je te parle; je n'ai que deux mots à te dire; après quoi je mourrai.

LXII

Le cœur a quatre feuilles, tu m'en as pris deux; et les deux autres tu me les laisses flétries et brûlées.

LXIII

J'ai vu de hautes collines, j'y suis monté : je leur ai dit le chagrin de mon cœur, et toutes en ont eu compassion.

LXIV

Je n'ai qu'une amie, comme je n'adore qu'un Dieu. Avec les autres je joue et ris, mais seulement pour m'essayer.

LXV

Autant qu'il est aux cieux d'étoiles, autant de poignards puisse-t-il entrer dans mon cœur, madame, si je ne vous adore.

LXVI

Le soleil s'est couché, las de mes gémissements; et vous, ô ma lumière, vous n'avez pas encore assez de mes souffrances.

LXVII

Ls soleil, quand le matin il se lève, vient habiter ton sein; et, quand il va se reposer, il se couche dans l'or de tes cheveux.

LXVIII

Dans la route, ô mon amie, ne va pas rencontrer un serpent[1]. Tu ne penserais plus à moi, et retournerais sur tes pas.

LXIX

O mon oiseau chéri, ô mon bel épervier, la terre étrangère jouit de ta présence, et moi, je m'abreuve d'amertume en t'attendant.

LXX

Dans le monde, nous venons, vivons et partons. Mais dans mon cœur, celui qui s'y trouve n'en sort jamais.

LXXI

Si dans les liens de l'amour tu ne demeures pas fidèle à une seule, tu seras mon assassin.

---

[1] Superstition commune en Grèce, et en bien d'autres pays.

LXXII

Ma poitrine est devenue le séjour du chagrin. Et toi seule, cruelle, ignores que tu en es cause.

LXXIII

Je souffre, je regarde, j'interroge, je cherche, je demande, et ne puis trouver le moindre remède à mes maux.

LXXIV

O amour maudit! tu es doux au début, consolant au milieu, mais bien amer à la fin.

LXXV

Tes yeux noirs sont doux; tes sourcils noirs sont doux; douces sont tes joues de rose, ô ma lumière!
Et pourtant, quand je m'approche pour entrevoir ton voile, je tremble de te déplaire en te regardant.

LXXVI

Ne crois pas qu'un amour sincère soit peu de chose; si je ne le trouve en toi, je sens que je vais mourir.

LXXVII

J'aurais voulu mourir, et que ce fut une tromperie, pour voir qui m'aime et pour savoir qui me regrette [1].

---

[1] J'ai entendu chanter ce distique accompagné d'un refrain turc qui s'applique à beaucoup de ces inspirations amoureuses, et signifie : « Ah! Seigneur Dieu! grâce, grâce! »

LXXVIII

Que puis-je faire de mon cœur si profondément blessé, quand celle qui le blesse est une jeune mariée?

LXXIX

O mon cœur désolé, qui compatit à tes peines? et qui lui dira tes souffrances pour les adoucir?

LXXX

Quand tu oublies demain ce que tu dis aujourd'hui, crois-tu que ma tendresse ait lieu de s'en féliciter?

LXXXI

L'amour que tu m'inspires, ô mon oiseau, est hors de mesure; entré forcément dans mon cœur, il n'en peut plus sortir.

LXXXII

Ne vois-tu pas que je meurs : Qu'attends-tu donc? Que je sois dans l'autre monde pour me regretter dans celui-ci?

LXXXIII

L'azur du ciel et l'éclat du jour se sont réunis pour créer tes deux yeux bleus.

Et ces beaux saphirs, quand tu les lèves vers le ciel, tu fais pâlir les plus étincelantes étoiles [1].

---

[1] Traduction d'une chanson arabe que j'ai entendue la nuit sur le Nil.

LXXXIV

DEMANDE.

J'aurais voulu voir dans tes yeux quand ils me regardent, si ta pensée est d'accord avec la mienne.

RÉPONSE.

Quand mes yeux te regardent, mon cœur soupire, et mon esprit ne rêve pas une plus grande joie.

LXXXV

DEMANDE.

Si vous saviez combien je vous aime, vous en seriez étonnée, et vous perdriez votre sévérité à mon égard.

RÉPONSE.

Loin d'ici, cœur méchant! Partez, et trompez-en une autre. Je ne vous ai pas épousé, et n'en ai jamais eu la pensée.

LXXXVI

Mon cœur souffrant m'ordonne de cesser de chanter dans la solitude, et de me mêler au monde pour tout oublier.

LXXXVII

Ah! quelle est donc la souffrance qui s'empare de moi? c'est une douleur inexprimable qui m'anéantit.

LXXXVIII

Envolez-vous, rapides zéphirs ; prenez mon chagrin sur vos ailes, et dissipez-le dans l'espace des airs.

LXXXIX

Le mal de l'absence dépasse tous les autres maux, et c'est un chagrin qui ne quitte jamais la pensée.

XC

L'espoir et la patience ont fui loin de moi le jour, ô mon amie, où j'ai dû te quitter.

XCI

Quand l'amour s'allume, rien ne le cache ; un seul mot, un seul regard, et le voilà trahi.

XCII

Tu es la merveille des belles, tu es une autre Vénus, et l'aimant de l'amour repose dans ton sein [1].

---

[1] Ces imitations sentimentales et langoureuses des chansons turques et arabes datent presque toutes de Constantinople, où elles sont nées à l'ombre des harems, sous l'influence des dominateurs. Je les ai reçues manuscrites de la malheureuse Domnitza Soutso, veuve du Soutso drogman de la Porte qui fut étranglé, au début de ce siècle, sous le prétexte de sa partialité envers les Français. Ce cahier, que je possède encore, est écrit de la main de sa fille.

XCIII

L'amour s'est arrêté dans tes yeux pour pouvoir de là blesser nos âmes;

Puis, il a vidé contre mon cœur toutes les flèches de son carquois. Mais, hélas ! tu ne t'en soucies guère.

XCIV

Aux solitudes, aux ravins, aux cîmes des montagnes et aux forêts, ma triste voix a porté en vain ses soupirs.

XCV

Une fortune adverse,
Une vie tyrannisée,
Une jeunesse amère,
Qui donc les a plus que moi?

XCVI

Tous les biens du monde,
Que m'importe de les avoir !
Ah ! que ce monde les garde pour lui,
Et que j'aie ce que je veux !

XCVII

Ta personne étincelle de beauté,
Ta bouche distille le miel,
O mon bel arbre, à la noble tige,
Reçois-moi sous ton ombrage.

XCVIII

Quelles douces chimères !
Quels songes charmants !
Ils m'emportent au loin
Sur l'océan de l'espérance.

XCIX

A HÉLÈNE [1] !

Tu es la fleur de l'Ionie,
La parure des vierges,
La joie des âmes,
Tu fais évanouir le chagrin ;
Tu dépasses la belle Hélène,
L'épouse de Ménélas.
Par ta démarche seule
Tu ravis les cœurs ;
Tes cheveux brillent
Comme les rayons du soleil ;
Tes sourcils blessent
Comme des glaives aigus.
Tu as la langue du rossignol,
Les joues d'un ange ;

---

[1] Ces distiques, d'un style relevé, adressés à une Hélène de Smyrne, étaient parvenus à Constantinople où je les ai entendu maintes fois chanter, avec accompagnement du téorbe, dans les salons des princesses grecques.

Ta taille est un petit anneau,
Ton regard une magie.
Dieu fit de toi une Pandore,
Source inépuisable de grâces;
Celui qui te quitte emporte une plaie
Que rien ne saurait guérir.

DISTIQUES

§ II

DISTIQUES VULGAIRES

I

Laissez le moulin bruire comme un tonnerre; laissez l'eau couler; laissez le jeune homme aimer. Il n'y a là nulle différence.

II

Quand le cyprès a brûlé, sa racine embaume. Dès qu'un cœur est amoureux, tout le monde s'en aperçoit.

III

Le soleil est couché, et la terre brûle encore. Quand l'amour est au cœur, le cœur ne cesse pas de soupirer.

IV

Ton amour est trompeur comme la neige du Chialmos qui tombe le soir, et qui est toute fondue le matin.

V

O mon cœur, quelle résolution! Comment as-tu laissé s'enraciner chez toi un tel arbre qui te donnera la mort?
Arbre qui ne porte que des feuilles nuisibles, des fruits empoisonnés, et qui, de sa racine à son sommet, se couvre de couleuvres.

VI

Les colombes de Scio, les oiseaux de Smyrne, sont arrivés; et ils m'ont raconté ton nouvel amour.

VII

O ma belle jacinthe [1], ô mon petit lis ouvert, sais-tu, sans toi, ce qui me resterait à aimer au monde?

VIII

DEMANDE.

Je me suis fait une amie. Mais cela ne vaut pas la peine de le dire; c'est comme si j'avais mâché les feuilles amères du laurier-rose.

---

[1] Dans le langage oriental des fleurs la jacinthe signifie : *Vous m'aimez, et votre amour me tue*.

IX

RÉPONSE.

Avec une telle pensée, tu n'obtiendras pas merci; et tu resteras avec ton laurier-rose et ses feuilles amères.

X

Le soleil et la lune se sont brouillés ensemble; je ne donnerais pas ma bien-aimée pour être fils de roi.

XI

Ne me demande pas ce que je deviens dans un tel esclavage. Si j'étais raisonnable, je m'enfuirais aux montagnes [1].

XII

Je veux descendre aux enfers pour y trouver Charon, lui adresser une prière, et lui dire deux petits mots :

« O Charon, je t'en supplie, emporte aux enfers ce « jeune homme que j'aime, peut-être qu'ici il m'é- « pousera. »

XIII

Elle est comme ce laurier sauvage qui ressemble au grenadier. Elle est rouge comme sa fleur, amère comme ses feuilles.

---

[1] S'enfuir aux montagnes, c'était se faire klephte, et échapper à la tyrannie.

XIV

Je vais me vêtir de deuil, et me faire derviche. Je veux me rendre au désert; car ton amour me dévore.

XV

Que ne suis-je près des collines! Que n'ai-je pour compagnie les montagnes! les petites hirondelles me donneraient du courage, et me consoleraient.

XVI

Comme les tout petits arbustes qui promettent et font des olives, ainsi sont tes petits yeux tout pleins de tromperies.

XVII

Tu es à ta fenêtre; je suis sur la terrasse de ma maison: je tiens les bras en croix, et je t'implore.

XVIII

Je te quitte, bonne nuit : fais ton lit large, et dors-y bien. Puisses-tu me voir dans tes songes ton serviteur et ton esclave!

XIX

Je ne t'aimais pas encore, et je te tenais déjà. Maintenant je te porte derrière l'oreille comme une feuille tombée.

XX

Celui qui a deux amoureuses a bien du plaisir; s'il se brouille avec l'une, il sort et va trouver l'autre.

XXI

Pour venir à toi, je passerais et marcherais au travers de mille poignards, et d'autant d'épées dressées sur terre.

XXII

Puisque vous partez, ô mon petit oiseau, puissiez-vous rencontrer sur votre chemin un serpent, penser à moi, et revenir !

XXIII

Je vais bâtir une chambre pour moi en face de ta fenêtre; si ta mère te gronde, fuis, et viens près de moi.

XXIV

Te voilà à ta fenêtre; en voulant peler ta pomme, tu as fait saigner ta petite main; et tu m'as fait grand'peur.

XXV

Vous êtes d'un côté, moi de l'autre; le mur est entre nous deux. Vouez un cierge à la Panagia si elle jette ce mur à terre.

XXVI

Je vous consacre, ô Panagia chérie, des livres entières

d'encens, si vous faites placer sur nos deux têtes la couronne nuptiale.

XXVII

Je sauterai par-dessus le mur : j'irai trouver le vieillard : et, bon gré mal gré, j'aurai la fille.

XXVIII

Des yeux noirs comme les tiens, on ne les trouve ni à Constantinople ni à Galata.

XXIX

La châtaigne appelle le vin; la noix veut le miel; et la jeune fille le baiser matin et soir.

XXX

Je compte aller en Arabie, pour y consulter un sorcier, et pour lui demander comment l'amour se gagne.

XXXI

LE SORCIER RÉPOND.

Il se prend par les yeux, il descend aux lèvres, et des lèvres au cœur où il reste.

XXXII

Que puis-je faire de cette petite, qui est si petite, et qui pleure ? Si je lui dis un secret, elle court le raconter à sa mère.

XXXIII

Si tu m'aimes du fond du cœur, fais-le-moi connaître en me serrant la main quand nous nous rencontrons à la danse.

XXXIV

C'est un *M*, un *A* et un *R*, accompagnés de deux autres petites lettres qui m'ont fait, moi, pauvre orphelin, rester au lit malade [1].

XXXV

O mon adorée, ta taille est un cyprès; et ta parole est du miel combiné avec du sucre.

XXXVI

J'ai rêvé ce soir qu'on m'avait volé un vase plein de basilic, et en même temps la fille que j'aime.

XXXVII

Vous ne portez point vos habits noirs pour cause de deuil; mais seulement pour paraître plus belle et par coquetterie.

Vous voilà encore en noir et toujours coquette. Décidément c'est au Turc que vous en voulez, et vous ne vous souciez pas du Grec.

XXXVIII

Donnez un baiser au marié, jetez une pierre au garçon; il aura honte et il ira chercher femme.

---

[1] Le mot de l'énigme est : Marie.

XXXIX

O mon jeune cyprès élancé, à la tête rouge, qui ne voudrait sommeiller à votre ombre?

XL

Basilic aux larges feuilles, tes quarante feuilles diront que tu as eu quarante amours; et pourtant je t'ai choisi après tant d'autres.

XLI

Que vous ai-je donc dit pour me tant gronder, ô ma lampe brillante? Faut-il tant de colère parce que vous m'avez donné un baiser?

XLII

Que vous ai-je fait, malheureux que je suis, pour que vous m'appeliez assassin? Ai-je tué quelqu'un? Ai-je donné un baiser à quelqu'autre?

XLIII

Celui qui aime près de son logis est doublement heureux; il y gagne de dormir davantage, et d'user moins de souliers.

XLIV

Si je vous rencontrais, je ne voudrais que vous dire deux mots; et qu'on me coupe la langue, si je ne gagne pas votre cœur.

XLV

Frottez le petit citron qui n'est pas mûr, jusqu'à ce qu'il embaume; et caressez votre jeune voisine jusqu'à ce qu'elle se fâche.

XLVI

Je ne veux pas du Franc parce qu'il porte un chapeau; je ne veux que Georgeaki parce qu'il porte un kalpak.

XLVII

Monsieur Georges, quelle est celle que vous aimez? Pourquoi ne pas me le dire?
C'est la fille de Pavlaki, la jolie Doudou qui me fait perdre l'esprit.

XLVIII

Je deviendrai une petite hirondelle pour me poser sur votre cou, et pour baiser le signe que vous avez sur le visage.

XLIX

J'ai planté une fleur de basilic sur le lit où tu reposes; tu le cueilleras pour le sentir, et tu penseras à moi.

L

Suis-je donc né parmi les serpents, pour que vous me redoutiez? Une femme m'a donné aussi le jour. Cruelle, vous n'avez de moi aucune pitié.

DISTIQUES VULGAIRES.

LI

On reconnaît un amoureux rien qu'à sa démarche [1]. Il regarde toujours devant et derrière, pour essayer de voir ce qu'il désire.

LII

On m'a dit que tu étais un peu brune; ne va pas t'en fâcher; le gérofle est noir aussi, et il se vend bien cher [2].

LIII

Viens donc, comment n'arrives-tu pas? J'attends depuis trois heures et j'ai laissé ouverte la petite porte dérobée.

LIV

Parle-moi, jeune fille aux lèvres de corail; et ne fais pas la mijaurée. Dieu fait tomber la beauté comme les fleurs.

LV

O ciel, retiens ta pluie, fais-moi cette grâce. Sinon un beau matin, je pousserai à sa porte comme de l'herbe.

LVI

J'avais envie de te demander si tu es Turque ou Grecque, Anglaise ou Française, pour être si belle?

---

[1] « Les amoureux, je les reconnais à la première vue. »
(*Anacréon*, Od. 55.)
[2] « La violette est brune, et pourtant elle tient le premier rang dans le bouquet. » *Théocrite*, id. 10.)

LVII

C'est maintenant le règne des petites filles; elles savent tout et dansent mieux que les grandes.

LVIII

Tes yeux sont noirs; tes cheveux sont noirs aussi; comparé à ton teint, le jasmin lui-même est noir.

LIX

Aime qui t'aime, et ne fais pas la petite bouche; Dieu abat et flétrit la beauté comme les fleurs.

LX

A la fenêtre où tu parais, d'autres sont auprès de toi. Tu es la giroflée, et les autres ne sont que tes rameaux[1].

LXI

Vous croyez tantôt que je meurs pour vous, tantôt que je vous trompe ; la vérité, c'est que je fonds comme la cire.

LXII

LE JEUNE HOMME.

Maudite soit ta gardienne, cette chienne de juive, qui ne permet pas que je te voie, et te cache toujours.

---

[1] La giroflée est l'emblème de la beauté durable.

LXIII

LA JEUNE FILLE.

Maudits soient les charpentiers qui construisent les vaisseaux, et nous font perdre les beaux et aimables pallicares !

LXIV

Je ne vis jamais de femme aux yeux plus noirs, plus pomme-sucrée, et plus minaudière en sa démarche.

LXV

Doublez les mèches des lampes, et allumez les lustres ! — Une jeune fille va danser qui égale une déesse.

LXVI

Je me promène en y réfléchissant, et je m'étonne en moi-même que les montagnes ne se fendent pas quand je soupire [1].

LXVII

Quand tu mets ta calotte blanche aux houpes d'or, le ciel tremble et va tomber avec toutes ses étoiles.

LXVIII

Que t'ai-je donc dit pour que tu couses ainsi ta bouche avec du fil? J'irai me pendre, et tu en auras la faute.

---

[1] Hyperbole orientale traduite du persan.

LXIX

Trompeur amandier, que tu es insensé de fleurir en hiver! Que n'attends-tu le printemps où nous fleuririons tous ensemble?

LXX

Nous avions dans notre voisinage un basilic qui faisait notre envie : d'autres voisins sont venus, et ont coupé sa tige.

LXXI

Le Bohémien est à l'agonie : la Bohémienne pleure et dit : « Tu meurs, mon mari ! Et notre enfant où vivra-t-il? »

LXXII

Bonsoir, si vous êtes encore debout ; bonne nuit, si vous êtes couchée. Puissiez-vous vous réveiller heureuse dans le lit où vous dormez !

LXXIII

Je voudrais être sur les montagnes et vivre avec les cerfs pour ne plus penser à ta personne.

LXXIV

Si ma poitrine était de verre, vous verriez mon cœur, madame; et combien vous l'avez abattu et attristé.

LXXV

Mon jasmin s'en est allé; mon cyprès s'en est allé; et je n'ai point d'ami sincère qui me le rende.

LXXVI

Il sent le basilic ici, et je ne vois pas de jardin. Quelqu'une l'aura sur son sein, et c'est elle qui l'embaume.

LXXVII

Hélas! tu ne me plains pas; de moi tu n'as nulle pitié. Je suis prêt à mourir, et tu fais toilette.

LXXVIII

N'est-ce pas toi qui me disais : Si je ne te vois, je meurs? et maintenant tu me vois passer, et tu n'as pas un mot à me dire.

LXXIX

J'entre dans un verger; j'y trouve un pommier tout chargé de pommes, et une fille dessus.

Descends, lui dis-je, et faisons amitié : elle prend les pommes et me lapide.

LXXX

Je veux devenir bijoutier, je ferai des bagues et je les troquerai, chemin faisant, contre des yeux noirs et de noirs sourcils.

LXXXI

A la fenêtre où tu te montres, il ne faut point d'œillet. C'est toi qui es l'œillet. Qui a des yeux, le voie !

LXXXII

Tu espères peut-être que, si tu me refuses, je vais pâlir. Non, je deviendrai rouge comme un œillet pour te mieux ressembler.

LXXXIII

Je t'ai aimé petite, toute petite. Grande je ne t'ai pas eue. Mais vienne le temps, et je t'aurai veuve.

LXXXIV

Dis à ta mère, jeune fille, d'accoucher encore une fois, afin qu'un autre cœur se consume, comme tu as consumé le mien.

LXXXV

Non, les yeux noirs ne sont pas faits pour dormir au point du jour; mais pour être éveillés, et caressés.

LXXXVI

Jeune fille, entrez dans la danse, dites-nous une chanson, et parlez bien du musicien qui est un brave pallicare aussi.

LXXXVII

Que ne suis-je une hirondelle ! J'entrerais dans ta chambre, et sur ton oreiller je ferais mon nid.

LXXXVIII

Les yeux de la petite rusée ne sont pas bien grands; ils sont petits, mais doux. C'est du miel et du lait.

LXXXIX

Coupe une branche de basilic, comptes-en les feuilles : tu sauras, cruelle, depuis combien de temps tu me fais souffrir.

XC

Je vais te donner ce mouchoir qui coûte cent paras; et te le donner, mon amour, pour terminer nos querelles.

XCI

O ma perdrix, qui, tout enjolivée, te promènes dans le bois ; je vais y tendre des lacs et des filets ; et, quand tu voudras t'envoler, tu seras prise.

XCII

Celui qui montre son amour est tantôt vert comme l'herbe et jaune comme le citron ; et le malheureux n'a plus ni bras ni jambes.

XCIII

Quel cœur de fer peut résister au chagrin de ne t'apercevoir qu'une fois par mois pendant toute une année ?

XCIV

J'éprouve à mon tour l'infortune ; je l'éprouve sans l'avouer. Qu'y ferait l'aveu ? Je me soumets et je souffre.

XCV

Ils disent tout ce qui leur plaît. Ah ! qu'ils le disent ! qu'importe ! si tu ne cesses de m'aimer [1].

XCVI

Jeune fille, dis à ta mère d'accoucher encore une fois, afin que ta sœur en brûle un autre, comme tu m'as consumé.

XCVII

J'ai rêvé que notre amour était comme un jardin qui portait des fleurs et des fruits dont je te faisais hommage.

Mais maintenant que nous nous sommes séparés comme ces petits oiseaux qui laissent les plumes de leurs ailes sur les rameaux,

O traîtresse inhumaine, je dois te le dire en face : oui tes lèvres me disent une chose, et une autre est dans ton cœur.

XCVIII

N'allez pas croire, ô mes doux yeux, tout ce qu'on vous dit de moi. Les femmes sont jalouses de vous, et les hommes me veulent du mal.

---

[1] Cette pensée et la précédente m'ont été données en grec ancien par la princesse Costaki Mourusi qui aimait à les répéter, et qui me les a fait voir gravées sur les cornalines de deux de ses bagues.

XCIX

J'ai fait le serment solennel de ne plus te parler jamais; car, si je te raconte mes peines, je n'en suis que plus malheureux.

C

Dire hélas, c'est tout mon gain; gémir, c'est toute ma récompense; et bientôt à force de soupirs, mon âme va s'envoler.

CI

J'aime les beaux lauriers et les grands arbres, parce qu'ils te cachent le soleil, et ne m'empêchent pas de te voir.

CII

Tu as beau de dépit lever et baisser tes jolies pantoufles; tu as beau être de fer, mon amour ne s'en va pas.

CIII

Elle te jure avec serment qu'elle n'écoute que toi, et à peine as-tu dépassé sa porte qu'elle prête l'oreille à un autre.

CIV

Le temps de cette année je veux m'en souvenir. Nulle heure ne s'est écoulée qu'elle ne m'ait vu soupirer.

CV

Quand je chante et que je lui dis le chagrin qu'elle me cause, il me semble que c'est de l'eau que je jette sur ma flamme pour l'éteindre.

CVI

Tu m'as quittée, ô mon oiseau,
Moi qui t'aimais en confiance,
Et tu me laisses dans mon village
Avec le désert ou la mort.

CVII

Je ne te demande, ô ma belle,
Ni de l'or, ni du miel, ni du lait,
Mais seulement que tu me parles,
Et même une seule fois.

CVIII

O mon charmant basilic !
O mon œillet bien aimé !
Approche seulement ta joue
De ma lèvre altérée.

CIX

Le limon s'est entrelacé
Avec un rejeton de l'orange ;
Ainsi me suis-je lié
Avec une fille de Smyrne.

CX

Tout le monde voit que je t'aime,
On le devine à mes soupirs;
Puisque treize fois par heure,
Mon âme invoque la mort [1].

---

[1] Ici, à la fatalité du nombre treize qui épouvante même en Grèce, se joint l'hyperbole de l'amour asiatique. J'ai eu ce distique à Brousse aux pieds du mont Olympe en Bithynie. Il était chanté au clair de lune sous les fenêtres des Piscines salutaires où se réunissaient les baigneuses.

DISTIQUES

§ III

DISTIQUES MARINS

I

Chrysé, celui qui se fie à vos serments et qui croit à vos paroles cherche à prendre des lièvres dans la mer, et des poissons sur les montagnes.

II

Mes yeux sont devenus noirs à force de regarder la mer; pour interroger les matelots qui arrivent, et courir ensuite au-devant de toi.

III

Le soleil s'est couché, la lune s'est levée; je n'aurais jamais cru qu'en si peu de temps ton amour se fût emparé de mon cœur.

IV

Quand la mer tarira, quand les poissons sortiront de son sein, alors moi-même je détacherai mon amour de votre personne.

V

La mer noircit; le flot revient au rivage. Ah! comme il y a longtemps que je t'aime!

VI

Je veux aller à la fontaine de Serdikeui[1] pour y boire son eau, et éteindre cet amour qui me consume depuis longtemps.

VII

J'étais dans les eaux d'Angleterre quand j'ai reçu ta lettre. Je l'ai mise sur ma tête; et j'ai dit : Mon cœur, c'est de la rosée pour toi.

---

[1] *Serdi-Keui.* C'est à cette même fontaine du village de Serdi, sur la rive européenne du Bosphore, au fond de l'anse si étroite et si pittoresque de Sténia, que se rendait assidûment le musicien aveugle auquel je dois une grande partie de ces distiques marins. Il y venait à l'heure où les matelots nisiotes, embarqués sur les vaisseaux à l'ancre dans la petite rade, renouvelaient leur provision d'eau, avant d'affronter les orages de la mer Noire. Il leur chantait pour quelques paras les distiques du continent; et il en recevait les distiques des îles qu'un jeune garçon, chargé de le guider et associé à son commerce de chansons, écrivait à côté de lui. J'ai encore sous la main l'informe copie que me céda l'adolescent, compagnon du moderne rapsode plus riche et plus heureux qu'Homère.

VIII

Lorsque je pense à toi, si je suis debout, je m'assieds, et si je suis sur mon coussin, je saute comme le poisson qui bondit sur la mer.

IX

Je suis encore ici aujourd'hui, demain et samedi matin; mais dimanche je te quitte; bonsoir, ma pomme sucrée!

X

Je pars; pleurez-moi, mes amis; réjouissez-vous, mes ennemis; et vous, mes voisines, prenez le deuil.

XI

J'en ai fait le serment devant la sainte mère du Sauveur: si je ne vous épouse pas vierge, je vous épouserai veuve [1].

XII

Votre visage est blanc et poli comme le papier anglais sur lequel Cochrane [2], pour en rire, écrit les arrêts du sultan.

XIII

Antoine [3], notre capitaine, notre jeune pallicare, s'est montré lion dans la bataille d'Icarie.

---

[1] *E ti voglio, o cara diva,*
Morta, se non posso viva.
(*Chanson corse.*)

[2] *L'amiral Cochrane*, venu au secours de la Grèce.

[3] *Antoine Criésis*, l'un des héros de la campagne navale de 1824.

XIV

Tu es d'un côté, et moi de l'autre : donnons-nous les mains, afin que nos ennemis ne puissent nous séparer avec leurs poignards.

XV

Mon pauvre cœur est fermé comme la porte de Chania [1]. Il ne s'ouvre pas, et ne rit plus comme il riait jadis.

XVI

Les yeux noirs me tuent : les yeux bleus me font mourir; pour une petite brune je fends la terre et je ressuscite.

XVII

O ma lumière, vous avez des yeux noirs, noirs comme l'olive [2] : celui qui peut les baiser tendrement ne craint plus la mort.

XVIII

Je n'ai vu que toi, je n'ai aimé que toi; seule tu t'es emparée de mon esprit; je me suis entortillé dans tes filets, et tu as fait de moi ton captif.

[1] *Chania*, la Canée, ville fortifiée de la Crète.
[2] L'olive noire. C'est l'olive conservée, nourriture habituelle du matelot grec.

XIX

Ce qui me plaît le plus de ton visage, ce sont tes yeux. Car ils sont à la fois l'étoile du matin et la lune.

XX

Que la mer n'est-elle une vigne avec tous ses pampres, où chaque petit pampre verserait des flots de vin!

XXI

Je suis l'enfant de l'éclair, le fils du tonnerre; quand je veux, je fais des éclairs, je gronde; et je fais neiger quand je veux.

XXII

En face de moi vous sortez, vous vous posez comme un soleil, et vos rayons ont fait de mon cœur comme une éponge desséchée.

XXIII

Je me réveille la nuit, et je demande aux étoiles l'une après l'autre : Que fait l'ami de mon cœur à présent et à toute heure?

XXIV

Je fais du ciel mon papier, de la mer mon encre, pour y écrire tes caprices, et ils sont si nombreux, que tout cela n'est point encore assez.

XXV

Hélas! hélas! mes chagrins, je ne les souhaite à personne, ni au vaisseau sur la côte, ni à l'oiseau dans les fourrés.

XXVI

Pays étranger, sois maudit, toi et tous les tiens! Je ne veux ni de tes inconvénients ni de tes profits.

XXVII

Si la mer était une glace à y rouler un citron, j'enverrais à ma belle un coing doré.

§ IV

MAXIMES ET PENSÉES

I

Je vais tenter de me créer un cœur qui ne s'abandonne pas à des pensers amers, mais qui sache prendre le temps comme il vient.

II

Que puis-je dire de ma destinée? Elle seule est coupable envers moi; si je souffre par la faute de tout autre, que Dieu lui en tienne compte [1]!

III

Je suis en joie, cette année; quant à la prochaine, Dieu seul le sait : dois-je mourir ? dois-je vivre ? dois-je quitter mon pays ?

IV

Frères, il n'y a pas de jouissance en cette vie qui ne passe rapide comme l'oiseau ou la nacelle.

[1] Traduit du turc. On y voit percer le fatalisme ottoman.

V

Celui qui veut vivre agréablement et jouir du monde, doit pendant toute son existence fuir l'amour.

VI

Pour aimer avec succès, il faut de l'esprit, un peu de patience, et ne pas se presser.

VII

Celui qui ne sait pas être ferme et fidèle en amitié ne mérite pas en sa vie une seule minute de bonheur.

VIII

Arrière le désespoir! Pourquoi donc désespérer? Le monde est rond; tout change et tourne.

IX

Je voudrais mourir, puis profiter du sommeil de Charon pour m'échapper de l'autre monde, et voir qui me regrette dans celui-ci.

X

Si vous prenez des milliers d'écus et une femme méchante, les écus s'en vont au diable, et la méchante vous reste.

XI

Ne vaudrait-il pas mieux que l'homme fût né semblable

à une roche insensible? A quoi lui servent la raison, le jugement et l'intelligence [1]?

XII

Quand un vieux célibataire se marie, il n'a pas raison de danser; mieux vaudrait pour lui mettre sur son dos sa besace, et aller chercher son pain.

XIII

Combien est douce la mort que donne une balle! La mort dans les combats, c'est un triomphe.

XIV

Chaque chagrin reçoit du temps une certaine consolation, si même le temps ne l'efface tout à fait.

XV

La pensée d'une femme est comme la rosée de mai : dès que le soleil la regarde, il la fond et s'en va.

XVI

Les chansons ne sont que des mots; et pourtant elles font prendre patience aux jeunes hommes, qui sont comme des âmes attendant le paradis.

XVII

Ne vous enorgueillissez pas d'être si belle à voir; la beauté toute seule est souvent sans agrément.

---

[1] « Ne penser à rien, c'est la plus douce existence, » disait Ajax à son fils. (Sophocle, *Ajax*, V, 553.)

Si vous voulez que dans le monde on vous souhaite, et que chacun désire votre présence, changez ces manières brusques, froides et dédaigneuses qui déplaisent.

La beauté est, en effet, fort recherchée; mais n'allez pas vous imaginer que c'est une vertu.

Un homme de sens et d'expérience lui préférera toujours une spirituelle laideur.

Qui donc ne mettrait au-dessus d'elle les ornements de l'esprit, qui restent et que rien n'altère.

Ne croyez donc pas la beauté toute seule un avantage; c'est un arbre qui, sans culture, ne saurait donner aucun fruit.

XVIII

— Voilà donc comme tout change, et comme on ne doit se fier jamais à rien!

Les choses viennent, s'en vont, et tournent comme une roue : elles nous servent, nous nuisent, ou nous plaisent bien peu de temps; et ne nous laissent d'elles un souvenir immortel, que pour mieux tourmenter notre âme infortunée.

XIX

Le rire et les larmes, la joie et la douleur, ont été semés ensemble, et ont germé à la même heure.

XX

Je tiens bon contre mes ennemis; et je dis, que m'importe? mais mon cœur attristé pleure et gémit.

XXI

L'étranger dans les pays lointains, vole comme un oiseau. Mais, s'il fleurit comme un basilic, disons vrai, il n'a point d'odeur.

XXII

L'amour veut la prudence, il veut la modestie; mais il veut aussi l'agilité du lièvre, et de l'aigle la rapidité.

XXIII

Imprudent et coquet amandier qui fleuris en hiver, ne peux-tu attendre le printemps pour fleurir avec tous les autres?

XXIV

Avez-vous vu l'immortelle? Elle germe sur un sol aride; elle est privée d'eau, et s'abreuve; elle ne fleurit pas, et produit.

XXV

Libre je suis venu au monde; libre je veux y vivre; et de ma liberté jusqu'à mon dernier souffle j'y veux jouir.

XXVI

Le rossignol a beau nous quitter pour l'étranger, il reviendra pour redire sa chanson accoutumée.

XXVII

Je vais me taire désormais et changer de place, ainsi les mauvaises langues d'alentour se tiendront tranquilles.

XXVIII

Rien n'afflige le cœur, et ne le tue comme un amour profond qu'on n'ose avouer.

XXIX

O Dieu, Dieu tout-puissant, qui résides dans les cieux avec tous tes anges, viens donc aider ton Christ à vaincre les Turcs, à nous délivrer de leur joug. Et, par ta grâce, ô mon Dieu, rends-nous, rends-nous la liberté[1].

---

[1] Je termine tous ces distiques par un cri de liberté que j'ai entendu s'échapper de l'Archipel en 1820. Il n'a amené, il est vrai, jusqu'ici qu'une délivrance partielle; mais il n'a pas encore cessé d'y retentir.

DIXIÈME PARTIE

PROVERBES. ADAGES

AVERTISSEMENT

J'ai cru à propos d'ajouter ici quelques-uns des nombreux proverbes qui ont cours en Grèce. Ils trouvent naturellement leur place dans un recueil où l'on cherche à faire connaître non-seulement les chants nationaux conservés dans la mémoire des populations si diverses de l'Archipel et du Continent, mais encore leurs mœurs et leurs coutumes. D'ailleurs presque toujours rimés, ils se fredonnent parfois, comme une sorte de refrain, ou se prononcent d'une voix plus lente, comme pour en mieux faire pénétrer la sagesse.

Pour peu que l'on ait voyagé en Orient, même sans

quitter le pont des bâteaux à vapeur toujours munis d'un pilote grec, on aura pu remarquer combien les phrases proverbiales, ressources des conversations, reviennent fréquemment dans la bouche des Hellènes; ils en ont reçu la mode en héritage de leurs ancêtres; et bien des lettrés les empruntent sans altération à leur antique idiome. C'est le fruit d'une observation fine, un trait piquant, une malice, un conseil, une image. C'est aussi une morale pratique à l'usage du peuple. Il y a dans le bon sens et le naturel des proverbes autant que dans l'expérience spirituelle des adages, beaucoup à admirer, et quelque profit à faire, même dans les vicissitudes de notre vie civilisée.

PROVERBES. ADAGES.

I

Porte-moi, je te porterai ;
Et nous monterons ainsi la montagne.

II

Je me moque de douze,
Et quinze se moquent de moi.

III

Voit-on une noce où l'on ne pleure,
Et une mort où l'on ne rie?

IV

Actions de jeunes hommes,
Conseils d'hommes mûrs,
Prières de vieillards.

V

Le chagrin même
Est un médecin.

VI

Dieu peut être lent à punir,
Mais il n'oublie pas.

VII

Parler est d'argent,
Mais se taire est d'or [1].

VIII

Le beau jour
S'annonce dès l'aurore.

IX

La bru, sans son mari,
Qu'a-t-elle à faire chez la belle-mère?

X

Vous riez de moi, moi de vous,
Ainsi se passe le temps.

---

[1] Axiome qui a passé dans la langue turque, pour y devenir la maxime favorite des hommes d'État ottomans.

XI

Ce qu'une heure donne,
Un siècle ne peut le donner.

XII

Trop de pilotes
Perdent un vaisseau.

XIII

Le ventre d'un enfant est une corbeille.
Bien fou qui la remplit.

XIV

N'en écoutez aucun,
Si vous voulez en juger deux.

XV

Il n'y a si grand menteur
Qui n'ait compère pour le soutenir[1].

---

[1] Dans une cabane du village de Kila, sur la mer Noire, à l'embouchure du fleuve Rhébas, nous étions étendus le soir d'un jour de chasse sur nos lits de paille. Et Costas, notre guide, accumulait conte sur conte de ses exploits dans les taillis et les campagnes d'alentour. L'un des deux rameurs grecs, qui, dans sa vieille barque, nous avait fait tourner les Cyanées, appuyait les récits de son compatriote; et l'autre en souriant leur décocha cet adage que j'inscrivis sur mon carnet à côté du chiffre des cailles immolées.

XVI

Le gros poisson
Mange le petit.

XVII

On rit le matin, on rit le soir.
On rit du blanc, on rit du noir.

XVIII

A force de cris, l'enfant
Vient à bout de la vieille.

XIX

Un bon agneau tette deux brebis,
Le mauvais pas même sa mère.

XX

Un ennemi, s'il est vieux,
Ne se réconcilie jamais.

XXI

L'œuf d'aujourd'hui vaut mieux
Que la poule de demain.

XXII

Le lièvre a les yeux d'une façon,
Et la chouette d'une autre.

XXIII

La vérité qui déplaît
N'en est pas moins vraie.

XXIV

Là où est le coq,
Les poules sont.

XXV

A celui qui travaille
Dieu vient en aide.

XXVI

Dansez bien,
Ou quittez la danse.

XXVII

Ce que tu gagnes, tu le perds;
Et ce que tu perds, tu le payes.

XXVIII

Siége de travers, si tu veux,
Pourvu que tu juges droit.

XXIX

Le pigeon que vous ne mangez pas,
Qu'importe s'il est trop rôti !

PROVERBES. ADAGES.

XXX

Un en vaut cent,
Et cent n'en valent pas un.

XXXI

S'il n'arrive pas ce que vous voulez,
Veuillez ce qui arrive.

XXXII

Les œuvres de la nuit,
Le jour les voit et en rit.

XXXIII

Le cheval, blessé sur le dos,
Tremble en voyant la selle.

XXXIV

Le sultan n'est pas bête ;
Plus on lui donne, plus il demande.

XXXV

Du buisson sort la rose,
Et de la rose le buisson.

XXXVI

Un sot jette une pierre dans la fontaine,
Et cent hommes d'esprit ne l'en peuvent retirer [1].

---

[1] Quand nous visitâmes la plaine de Troie, l'interprète, qui nous

XXXVII

Le corbeau, tout corbeau qu'il est,
N'éborgne pas le corbeau.

XXXVIII

Quand on annonce beaucoup de cerises,
N'y allez qu'avec une petite corbeille.

XXXIX

D'un cheval donné
Ne regardez pas les dents.

XL

Celui qui ne sait pas porter culotte,
Chaque pas le trahit.

XLI

Si l'on te dit que tu es ivre,
Ne marche qu'en te tenant au mur.

XLII

Celui qui a les troupeaux les a ;
Celui qui les garde les mange [1].

---

accompagnait, jetait des cailloux dans l'eau d'une des sources du Scamandre pour essayer d'en juger la profondeur; et le pilote grec de notre frégate, qui nous avait suivis, murmura à mon oreille cet adage originaire d'Athènes.

[1] Ainsi me disait à Némée le conducteur de ma caravane, à la

XLIII

Même quand il regarde
L'ignorant n'y voit pas.

XLIV

Le diable n'a pas de chèvres,
Et vend pourtant du fromage.

XLV

Mieux vaut une goutte de sagesse
Qu'un océan de fortune.

XLVI

Même aidé de Minerve,
Servez-vous de vos mains [1].

XLVII

Le loup qui se fait vieux
Ne change pas de poil.

XLVIII

La pluie en mars
Ne nuit jamais.

---

vue d'un troupeau de chèvres errant autour des colonnes couchées ou debout encore du temple d'Hercule, pendant que mon janissaire contraignait le berger à nous livrer du miel.

[1] Proverbe en grec ancien, que les Hellènes n'ont pas pris la peine de traduire en grec moderne.

XLIX

La souffrance
Devient expérience.

L

Fais vivre le loup,
Il te mangera.

LI

Il porte du miel à la main,
Et ne se lèche pas les doigts?

LII

Notre parrain a un parrain
Qui est aussi notre parrain.

LIII

Les Athéniens, les Thébéens,
Et les méchants Mityléniens
Disent d'une façon le matin,
Et le soir ils n'en font rien.

LIV

Si tu deviens l'ami d'un Crétois,
Garde toujours ton bâton de bois.

LV

Quand vous verrez un cheval vert,
Vous verrez un Sciote sage.

LVI

Au monde il est trois fléaux :
Le feu, la femme et les eaux.

LVII

Si tu es petit, marie-toi petitement,
Ou fais-toi petit moine.

LVIII

Avec tes parents mange et bois,
Mais point d'affaires.

LIX

Porte la pantoufle de ton pays,
Fût-elle même tachée.

LX

Le sage, quand il rit,
Ne rit pas pour peu.

LXI

Ciel étoilé n'a point d'éclairs,
Il ne brille pas, mais luit toujours.

LXII

Qui ne dit mot,
On l'enterre.

LXIII

La bonne monnaie,
Le sage la garde
Pour les mauvais jours.

LXIV

La parole ne sort que d'une lèvre
Et arrive à mille.

LXV

D'un mauvais payeur
Un sac de paille vaut.

LXVI

Bouche bien ta vigne,
Et laisse là celle du voisin.

LXVII

Ne promets ni à un saint un cierge,
Ni à un enfant un gâteau.

LXVIII

En t'écoutant je brûlais ;
En te regardant, je gelais [1].

LXIX

Deux ânes se disputent une paillasse
Qui pourtant n'est à aucun des deux.

LXX

Celui qui est hors de la danse
Sait bien des chansons [2].

LXXI

Comme on fait son lit,
On se couche et on dort.

LXXII

Au villageois ne suffit pas une corde,
Il la lui faut double, et au delà.

---

[1] A la fête de l'île de Calki, en face de Constantinople, comme j'écoutais la voix sonore d'un chanteur grec d'une figure hideuse, l'un des spectateurs lui lança tout haut cet adage connu qui fit rire toute l'assistance.

[2] Ainsi me disait, à Constantinople, le vieux Franchini, drogman retiré, quand j'allais consulter son expérience, et admirer sa barbe blanchie dans les affaires orientales.

LXXIII

De l'imbécile et de l'ivrogne
On apprend la vérité.

LXXIV

Pour l'homme heureux
Son coq lui-même pond des œufs.

LXXV

Celui qui s'est brûlé une fois
Souffle aussi sur ce qui est froid.

LXXVI

La patience d'une minute
Donne dix ans de repos.

LXXVII

L'ingratitude de l'étranger
Ferait vieillir un chien.

LXXVIII

Quand on vole, ne vole pas;
Et ne crains rien, quand on le saura.

LXXIX

C'est à la tête
Qu'il faut flairer le poisson.

LXXX

Le mendiant est fier de son habit trois fois :
Quand il est neuf, quand il est vieux,
Et quand de vieux il le refait neuf.

LXXXI

Le fils né trop tard
Ne moissonne pas avec son père.

LXXXII

Voici un Turc ; il veut de l'argent ;
Vient un second Turc, toujours de l'argent.

LXXXIII

Un homme illettré,
C'est un manche sans coignée.

LXXXIV

Pour louer notre mariée,
Il n'y a que sa mère.

LXXXV

Aux vêtements que vous portez,
Dieu mesure le froid qu'il envoie.

LXXXVI

Nos fenêtres sont de travers ;
Mais l'argent les redresse.

LXXXVII

Celle qui demande
Ne donne jamais.

LXXXVIII

Les fils des hommes sages
Font leur cuisine avant d'avoir faim.

LXXXIX

Si un jeune homme t'aide dans tes amours,
C'est qu'il travaille pour lui.

XC

Il ne vient pas de *donnez*,
Mais il arrive de *prenez*.

XCI

Pourvu qu'on m'appelle femme de vayvode,
Je consens à mourir de faim.

XCII

Le mendiant n'a rien de bon,
Pas même la parole.

XCIII

Dans la maison du pendu
Ne pensez jamais à la corde.

XCIV

De pain nous n'avons un morceau,
Et notre chatte a du gâteau.

XCV

Un vaut mieux, quand il est là,
Que dix s'il faut les attendre.

XCVI

Par dehors c'est une poupée,
Par dedans c'est un fléau.

XCVII

Les uns sèment et moissonnent,
Les autres mangent et ne font rien [1].

XCVIII

Le plaisir des menteurs
N'est pas de longue durée.

XCIX

Ta robe était déjà déchirée,
Avant que ton mari ne l'eût payée.

---

[1] C'est là ce que me disait, à Sicyone, un Albanais rapproché de moi, comme il regardait mon janissaire attablé auprès de son pilaw, et en se servant d'un langage que ne pouvait comprendre celui-ci.

C

La parole retourne l'esprit
Comme le vent le courant.

CI

La dame possède la maison,
Et la servante tient les clefs.

CII

Si vous l'envoyez à la mer,
Il n'y saura pas trouver de l'eau.

CIII

Ou le miel sur les lèvres,
Ou la main dans la poche.

CIV

Il est aveugle, et pourtant
Il a besoin de la lampe.

CV

Nourrissez le loup pendant l'hiver,
Pour qu'il vous dévore au printemps.

CVI

Le soleil et l'amour
Brûlent seuls sans fumée.

CVII

Le cheveu même a son ombre,
Et la terre a des oreilles.

CVIII

Il vaut mieux être maître d'un sou,
Qu'esclave de deux.

CIX

Il bâtit un moulin,
Et n'a pas d'eau.

CX

Plus le navire est grand
Plus il donne de souci.

CXI

Sommeil vaut mieux que repas,
Et souvent il en tient lieu.

CXII

Il me lapide
Avec mes pierres.

CXIII

Petit hameçon
Prend grand poisson.

CXIV

Un homme jeune qui ment,
Devient voleur en vieillissant.

CXV

Tous les doigts d'une même main,
Ne sont pas égaux.

CXVI

Une main lave l'autre,
Et toutes les deux le visage.

CXVII

Quand chante la perdrix,
Elle indique son nid.

CXVIII

L'eau qui tombe lentement
Perce un roc mieux qu'une cascade.

CXIX

L'œil du maître
Engraisse le cheval.

CXX

Il veut prendre des anguilles,
Et ne fait que troubler l'eau.

CXXI

Dans le pays des méchants,
Il n'y a que de mauvais juges.

CXXII

Les Sciotes sont des fous,
Ou plus, ou moins, ils le sont tous.

CXXIII

Si vous crachez contre le ciel,
Cela vous retombe sur le nez.

CXXIV

Que veux-tu faire d'un verre en or,
Puisqu'il t'est défendu de boire?

CXXV

Le même qui souffle pour refroidir,
Souffle aussi pour réchauffer.

CXXVI

Il faut trois jours pour crier au miracle,
Et trois jours pour l'oublier.

CXXVII

L'étranger à la maison
S'y repose et n'est bon à rien.

CXXVIII

Chaque obstacle à son bon côté,
Il ne faut que savoir le prendre [1].

CXXIX

Au puissant comme au voleur
Tout le monde est débiteur [2].

CXXX

L'aveugle cherche des aiguilles dans le pailler,
Et le manchot fait des corbeilles pour les mettre.

CXXXI

Quand le sage se laisse railler,
On ne le raille pas pour rien.

---

[1] Telle était la morale du chef du village de Carvathi qui me reçut sur les décombres de Mycènes. Je lui dois plusieurs de ces adages qui ont particulièrement cours en Morée. (Voir mes *Souvenirs de l'Orient*, t. II, p. 412.)

[2] Cet adage m'est venu d'un cultivateur grec chez lequel, pendant mon voyage en Thrace, je logeais un soir d'hiver, à Mahala, bourgade située au pied des monts Ganées ; il se plaignait de l'impôt, et essayait de s'en consoler en répétant cette malice proverbiale.

CXXXII

Mieux vaut frère dans l'église,
Que compagnon aux festins.

CXXXIII

Quand le pauvre fait trouvaille,
C'est d'une feuille ou d'un clou.

CXXXIV

Celui qui mange la graine de lin
Mange d'avance ses chemises.

CXXXV

Si tu veux te bien marier,
Cherche dans ton voisinage.

CXXXVI

Plus qu'un puits de richesse
Vaut une goutte de sagesse.

CXXXVII

La richesse qu'entasse l'avare
Au prodigue s'en va toujours.

CXXXVIII

Avec l'argent vient la prudence,
Avec la pauvreté la folie.

CXXXIX

Plus fait la bête dans le champ
Que l'ouvrier sur l'aire.

CXL

Même au plus dur de l'hiver,
La vieille pense aux concombres.

FIN.

TABLE DES MATIÈRES

Préface. I
Avertissement. xv

PREMIÈRE PARTIE

CHANTS HISTORIQUES ET KLEPHTES GUERRIERS

I. Les malheurs d'Adrianople. 1
II. La prise de Sainte-Sophie de Salonique. . . 2
III. Les poissons de Constantinople. 3
IV. La prise de Constantinople. 4
V. Christos le Milionis. 5
VI. Iani Boukovallas. 6
VII. Iannis Stathas. 7
VIII Lettre des klephtes du Valtos. 8
IX. Les arvanites à Anapli. 9
X. Kontoghiannis. 10
XI. Le sabre de Kontoghiannis. . . . . Ib.
XII. La bru de Kontoghiannis. 11

XIII.	Kitzos et sa mère.	12
XIV.	Koutsochristos.	13
XV.	Andritsos.	14
XVI.	Le songe de Dimos.	15
XVII.	Le tombeau de Dimos.	16
XVIII.	Iotis blessé.	17
XIX.	La mort d'Iotis.	18
XX.	La noce du fils de Zidros.	19
XXI.	La mort de Zidros.	20
XXII.	Photis.	21
XXIII.	Lazos.	22
XXIV.	Alexandre.	23
XXV.	Pliaskas.	24
XXVI.	Le pappas de Pouliana.	25
XXVII.	Kaliakoudas.	26
XXVIII.	Tsélios.	27
XXIX.	Chatzi Michali.	28
XXX.	Glimidi.	31
XXXI.	Butzo-Marco.	32
XXXII.	Mélidone.	33
XXXIII.	Le capitaine Théodore.	34
XXXIV.	Skatoverga.	35

DEUXIÈME PARTIE

CHANTS DE SOULI ET DES GUERRES CONTRE ALI-PACHA

I.	Éloge de Souli.	38
II.	Lambros Tsavellas.	39
III.	La mort de Lambros.	40
IV.	Le siège de Souli.	41

V	Kiapha et Kakosouli.	42
VI.	Photos et Drakos.	43
VII.	Photos et Véli-Pacha.	44
VIII.	Prise de Souli.	Ib.
IX.	Despo.	45
X.	La prise de Bérat.	46
XI.	La soumission de Gardiki.	47
XII.	La mort de Kitsos-Botsaris.	48
XIII.	Le dernier chant de Parga.	49
XIV.	Yorko-Thomos.	50
XV.	Sterghios.	51
XVI.	La femme de Liakos délivrée.	Ib.
XVII.	Liakos.	52
XVIII.	La mort de Liakos.	53
XIX.	Nikotsaras.	54
XX.	Nikotsaras sur terre.	55
XXI.	Nikotsaras sur mer.	Ib.
XXII.	Giphtaki.	56
XXIII.	Georgaki.	57
XXIV.	La mort de Véli-Guékas.	58
XXV.	Diplas.	59
XXVI.	Euthyme, le pappas klephte.	Ib.
XXVII.	Skyllodimos.	60
XXVIII.	Ali-Pacha.	61

TROISIÈME PARTIE

CHANTS HISTORIQUES DE LA GUERRE DE L'INDÉPENDANCE

I.	L'hymne de Rigas.	62
II.	Dithyrambe de Rigas.	65

TABLE DES MATIÈRES.

III. Chant patriotique de Rigas.	66
IV. Rigas aux Hellènes.	67
V. La mort de Diakos.	69
VI. La mort de Georkakis et de Pharmakis. . . .	71
VII. Monembasie.	73
VIII. La prise de Tripolitsa.	74
IX. Prise de Nauplia.	76
X. Le brave George.	78
XI. La mort de Markos Botsaris.	79
XII. Le frère de Markos Botsaris.	81
XIII. Chant d'Anatolico.	82
XIV. A Markos Botsaris.	84
XV. Complainte sur Markos Botsaris.	85
XVI. Chant guerrier par Coray	86
XVII. Chant de guerre par R. Rangabé.	89
XVIII. Les héros brûlotiers devant Scio.	91
XIX. La flotte grecque.	94
XX. Chant des brûlotiers.	*Ib.*
XXI. Chant de Colocotroni.	95
XXII. Ianakis.	97
XXIII. Expédition de Topal-Pacha contre Ipsara. . .	98
XXIV. Combat naval dans le détroit de Samos. . .	100
XXV. Le cri de guerre.	101
XXVI. Tsamados.	102
XXVII. La journée de l'isthme par R. Rangabé. . . .	204
XXVIII. Odyssée.	106
XXIX. Le chant du triomphe.	107
XXX. Le soldat mendiant.	108
XXXI. Samos.	110
XXXII. Les adieux de l'Hellène.	112
XXXIII. Le 3 septembre 1843.	117

TABLE DES MATIÈRES. 329

QUATRIÈME PARTIE

CHANTS KLEPHTES DIVERS

I. La leçon de Nannos.	119
II. Zacharias.	120
III. Le capitaine amoureux.	Ib.
IV. La perfidie du capitaine.	121
V. Les deux fils du Proestos.	122
VI. La femme de Costas.	123
VII. Les deux serviteurs et leur maîtresse.	Ib.
VIII. La mort de Bèbros.	124
IX. Le sommeil du brave.	125
X. La voix de la tombe.	126
XI. Démos.	127
XII. La chanson de Salonique.	Ib.
XIII. Le dernier adieu du klephte.	128
XIV. Le Pallicare.	Ib.
XV. La fille de l'Arvanite.	129
XVI. Les armes du klephte.	Ib.
XVII. L'arbre qui parle.	130
XVIII. Le banquet des klephtes.	131
XIX. Le klephte.	133
XX. L'Olympe.	135
XXI. L'Olympe.	136
XXII. Les deux aigles.	137
XXIII. Le vieux cerf et le chevreuil.	138
XXIV. La jeune fille Armatole.	139

CINQUIÈME PARTIE

LÉGENDES

I. L'enlèvement.	140
II. Manuel et le Janissaire.	142
III. Le départ de l'hôte.	143
IV. Le château de la Belle.	144
V. Les deux frères.	146
VI. La sœur de Mavroyéni.	147
VII. La fille voyageuse.	150
VIII. Ianoula.	151
IX. L'imprécation.	Ib.
X. Le voyage nocturne.	152
XI. L'étranger.	153
XII. L'épouse sans foi.	154
XIII. La belle chanteuse.	155
XIV. Le chanteur et le dragon.	156
XV. La fille juive et la perdrix.	Ib.
XVI. La blonde ouvrière.	157
XVII. Les amants.	158
XVIII. Le mariage improvisé.	160
XIX. L'épouse fidèle.	162
XX. La reconnaissance.	163
XXI. L'orgueilleuse.	164
XXII. La jeune fille et le soleil.	165
XXIII. La juive.	166
XXIV. Le manchot.	167
XXV. La perdrix.	Ib.
XXVI. Melpomène.	168

TABLE DES MATIÈRES.

XXVII.	La jeune veuve.	169
XXVIII.	Le chasseur.	170
XXIX.	La mauvaise chance.	171
XXX.	L'adieu au matelot.	Ib.
XXXI.	Le matelot du Bosphore.	172
XXXII.	Charon et sa mère.	Ib.
XXXIII.	Charon et les âmes des morts.	173
XXXIV.	Charon et le berger.	174
XXXV.	Les mauvaises sœurs.	175
XXXVI.	L'hirondelle et la colombe.	Ib.
XXXVII.	Le marin.	176
XXXVIII.	Le brigand.	177
XXXIX.	Le cavalier de R. Rangabé.	178
XL.	Convocation au printemps.	180
XLI.	La patrie.	Ib.
XLII.	Présence et souvenir.	181
XLIII.	La colombe.	183
XLIV.	Chant pour ceux qui vont à l'étranger.	183
XLV.	L'amoureux maltraité.	184
XLVI.	L'amour marin.	185
XLVII.	L'amour de longue durée.	Ib.
XLVIII.	Le serviteur mécontent.	186
XLIX.	Pappantonis.	187
L.	Les filets de soie.	Ib.
LI.	La petite brunette.	188
LII.	L'arbre aux feuilles d'or.	189

SIXIÈME PARTIE

COMPLAINTES

I.	La biche et le soleil.	190

- II. Les plaintes de la mère. 191
- III. La mort du pilote. 192
- IV. La séparation. 193
- V. Le cyprès. . . . . *Ib.*
- VI. La veuve à son fils éloigné. 194
- VII. Les parents à leur fille. 195
- VIII. Irène. 196
- IX. Les adieux de la fiancée. 198
- X. Euphrosine. 199
- XI. La jeune folle. 201
- XII. La peste de Rapsani. 203
- XIII. La Valaque mourante. 204
- XIV. Les larmes de la veuve. . . . . *Ib.*
- XV. Le berger malade. 205
- XVI. Les femmes des matelots. 207
- XVII. La complainte sur l'enfer. . . . . *Ib.*
- XVIII. Les voleurs et le petit berger. 208
- XIX. Le monde d'ici-bas. 210
- XX. La jeune fille dans l'autre monde. 211
- XXI. Chant d'Ipsylanti. 212
- XXII. La mort aux vivants. 213
- XXIII. Les noces dans l'autre monde. . . . . . *Ib.*
- XXIV. L'amour au tombeau. 214

SEPTIÈME PARTIE

CHANTS DES NOURRICES, CHANTS NUPTIAUX

- I. Noëls. 215

TABLE DES MATIÈRES.

II. Noëls.	216
III. Noëls.	Ib.
IV. Chanson de saint Basile.	217
V. Chant des matelots au premier de l'an.	218
VI. Chant de l'hirondelle.	Ib.
VII. Chansons des roses.	219
VIII. La chanson de mai.	220
IX. Le jour de saint Georges.	221

CHANTS POUR LA PLUIE

I. Perpérouna.	222
II. Perpyrouna.	Ib.
III. Perpérie.	223

CHANT DES NOURRICES

I. A sainte Marine.	224
II. Au sommeil.	Ib.
III. Au sommeil.	225
IV. A l'enfant.	Ib.
V. A l'enfant.	Ib.
VI. Chant de l'enfance.	227

CÉRÉMONIES DES NOCES

I. Pendant qu'on peigne la mariée.	228
II. Pendant qu'on habille la mariée.	Ib.
III. Pendant qu'on pare la mariée.	Ib.
IV. Quand on congédie la mariée.	Ib.
V. Quand on donne la mariée au marié.	Ib.
VI. Chanson de la mère.	Ib.

CANTIQUES NUPTIAUX

I. La nouvelle mariée. 229
II. Adieux de la nouvelle mariée. . . . . *Ib.*
III. Voici la noce. . . . . *Ib.*

HUITIÈME PARTIE

CHANTS D'AMOUR ET DE DANSE. — SÉRÉNADES. — CHANTS BADINS

I. L'amour découvert. 230
II. Le chant du prince Jean Caradgea. . . . . . *Ib.*
III. L'imprécation de l'amant. 231
IV. La cruche cassée. 232
V. Le Pallicare mourant d'amour. . . . . . . *Ib.*
VI. La plainte amoureuse. 233
VII. La jeune blonde. . . . . *Ib.*
VIII. La conversation mystérieuse. 234
IX. L'oiseau. 236
X. La belle de Scio. . . . . *Ib.*
XI. Le lecteur de l'archevêché. 237
XII. Sérénades. 000
   1. Sortez, jeunes personnes. 237
   2. Un soir, seul avec ma guitare. 238
   3. Dans ce palais si élevé. . . . . *Ib.*
   4. Là-bas, dans les champs. . . . . *Ib.*
XIII. Le jardinier amoureux. 239

TABLE DES MATIÈRES

XIV. Le choix difficile. 240
XV. Elle a réponse à tout. 241
XVI. Le petit chat. 242
XVII. Madame Mariora. 243
XVIII. Le jeune lutin. 244
XIX. L'indécision. 245

NEUVIÈME PARTIE

DISTIQUES

Avis. 247
§ I. Distiques amoureux. XCIX. 269
§ II. Distiques vulgaires. CX. 268
§ III. Distiques marins. XXVII. 288
§ IV. Maximes et pensées. XXIX. 294

DIXIÈME PARTIE

PROVERBES. — ADAGES

Avertissement. 300
Proverbes adages. CXL. 302
Table des matières. 525

FIN DE LA TABLE DES MATIÈRES.

www.ingramcontent.com/pod-product-compliance
Lightning Source LLC
Chambersburg PA
CBHW050302170426
43202CB00011B/1793